KUKINDS
ガイドブック

It's one small step for you,
but one giant leap for your campus life !! :-)

2024 年度版

甲 南 大 学
全 学 共 通 教 育 セ ン タ ー

Center for Education

in

General Studies

学術図書出版社

もくじ

1. 甲南大学の情報教育環境

本学では，初年度学生の情報リテラシーに関する知識と能力を向上させるため，旧電子計算センターを母体とする「情報教育研究センター」を'96 年度より発足させました．次いで，情報教育研究センターが担当する一般情報科目である「情報処理入門」のカリキュラムを'06 年度に見直し，高等学校での「情報」科目の履修を前提とした「IT 基礎」および「IT 応用」を設けました．さらに，「共通教育センター」が'16 年度に新設され，全学共通の教育を担当しています．「IT 基礎」は共通教育のなかの「導入共通科目」に，「IT 応用」は同じく「キャリア創成科目」に編入されました．

1.1　本学のネットワークサービス

　本学の学内ネットワーク「KUKINDS: Konan University – Konan Information Network and Database System」は，情報教育研究センター設立と同時期の'96 年よりスタートし，今日まで性能面や機能面での向上を続けています．特に機能面，すなわち様々なネットワークサービスが KUKINDS 上に展開しています．ここでは，その中でもみなさんの学習に必要なサービスに絞って，その使い方について説明します．

1.1.1　学内無線 LAN への接続

　甲南大学では，インターネット接続のための無線 LAN サービスを利用することができます．無線 LAN（Local Area Network）を利用することで，学内のネットワークに無線通信を使って接続することができ，KUKINDS を経由してインターネットにも接続しています．甲南大学の学内ネットワークは教育目的で整備されているものなので，学内ネットワークの一端である無線 LAN についても，教育・研究目的での利用が求められています．

　甲南大学の無線 LAN である konan-net を利用するためには，一般の家庭などで無線 LAN を利用する場合と異なり，次の 3 つのステップが必要です．

1.　パソコン等の無線 LAN 接続先一覧から，konan-net を選択し，セキュリティキー（パスワード）を入力します．セキュリティキーの情報は IT 基礎の授業や情報システム室のホームページ等で得ることができます．

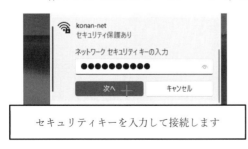

セキュリティキーを入力して接続します

端末登録システムにログインします

2. konan-net へ接続できたら，Web ブラウザに表示されている端末登録システム（Account Adapter）画面の「ID」と「パスワード」にユーザ情報を入力しログインします（初回のみ． URL: https://devauth-1.konan-u.ac.jp/user/）.

3. 端末登録システムを操作し，使用している端末（パソコンやスマートフォンなど）を登録申請します．システムに端末が登録されてからネットワークにつながるまで少し時間がかかります（数分程度）.

申請は毎回する必要はなく，一度登録されれば，次回からは konan-net へスムーズに接続できるようになります．Konan-net は学内の様々なところで利用できます．情報システム室のサイトに用意されているパンフレットも確認してください.

ユーザ ID とパスワードについては，教務部が発行する「履修ガイドブック」の「【第4部】知っておいてほしいこと」を参照してください.

1.1.2 パスワードの変更

初期設定パスワードは，単純な設定となっており他人に見破られる危険性があります．安全のため，個人で早急に変更してください.

パスワードを変更するためには，学内無線 LAN（konan-net）にアクセスし，ブラウザで以下の URL（もしくは右の QR コード）を開きます．以下で説明するパソコン教室に設置されているパソコンで行うときは，デスクトップ上の「パスワード変更画面」のアイコンをダブルクリックしましょう.

https://lm.konan-u.ac.jp/webmtn/LoginServlet

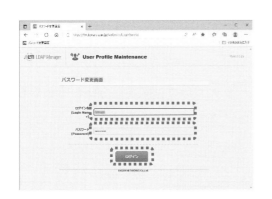

1. ブラウザで上の URL にアクセスすると，左のような Web ページが表示されます.

2. 「ログイン名」と「パスワード」を入力し，「ログイン」ボタンをクリックします.

3. 「User Profile Maintenance」画面が開くので，「新しいパスワード」と「新しいパスワード再入力」に同じパスワードをそれぞれ入力します．
4. 「保存」ボタンをクリックしてください．
5. 「EX-074 実行しますか？」ときいてくるので，「OK」ボタンをクリックします．
6. パスワードの変更が完了したら，「EX-078 メンテナンス処理が完了しました。」というメッセージが表示されるので，「OK」ボタンをクリックしたあと，右上の「ログアウト」ボタンをクリックします．

入力するパスワードには守らなければいけないルールが設定されており，ルールに従ったパスワードのみ，新しいパスワードとして登録できます．

1. 6文字以上，16文字以内であること
2. 半角文字であること
3. アルファベットと数字のどちらも含むこと

パスワードをどの程度の頻度で更新するべきなのかについては議論が分かれるところですが，最低でも1年に1回は変更するようにしてください．

1.1.3　My KONAN

本学の学生が，授業を受ける際に必要となる情報にアクセスする窓口となるポータルサイトです．学内での無線LAN接続だけでなく，ご自宅からでも閲覧できます．ブラウザを起動して本学のホームページ「https://www.konan-u.ac.jp/」を開くと，My Konan というボタンがありますので，そこからアクセスしてください．

「ユーザ ID」と「パスワード」については，教務部が発行する「履修ガイドブック」の「【第4部】知っておいてほしいこと」を参照してください．

1.1.4　Microsoft 365

Microsoft が運営する「Microsoft 365」（「Office 365」とも言います）は，パソコンだけでなくスマートフォンやタブレット端末からも利用可能なクラウドサービスです．Microsoft 365 にサインインすると，「Microsoft 365 へようこそ」画面が表示され，Web アプリとして利用可能なツールが並んでいます．この中に表示されているOutlook をクリックすると，メールの送受信を行うことができます．メールの送受信を行う際には，「3.2 電子メールツールの利用」にある説明を確認し，マナーを守って利用しましょう．

　ページの上側にある碁盤の目の「アプリ起動ツール」ボタンをクリックすると，利用可能なアプリが表示されます．あるいは，「ホーム」ボタンをクリックすれば「Microsoft 365 へようこそ」画面が表示されます．

　「Microsoft 365 へようこそ」画面には，Microsoft 365 で利用可能な様々なアプリ

のボタンが並んでいます．例えば，下図のように PowerPoint のボタンをクリックすると PowerPoint Online が起動します．

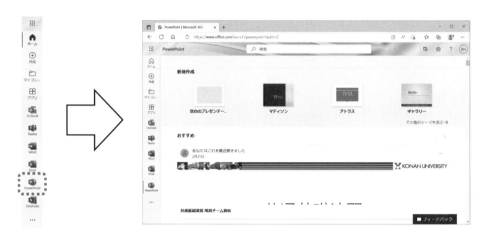

　PowerPoint Online の機能は，パソコン上の PowerPoint のサブセットとなっています（「6. 表計算による表とグラフの作成」以降の章では，パソコンにインストールされた Microsoft Office の使用を前提として解説しています）．一方，オンラインアプリのメリットを生かした機能もあります．右上の共有ボタンをクリックすると，サインインした複数のユーザが同時に一つの PowerPoint ファイルを編集することができます．グループで議論しながらプレゼン資料を作成する際などに役立ちます．

1.1.5　本学図書館の情報サービス

　本学の図書館を利用する際には，図書館のホームページを使いこなすことが重要な鍵となります．

　第 2 章には図書館の利用方法について詳しく解説していますので，どのような機能やサービスがあるのか，あらかじめ調べておいてみてください．

1.2　持ち込みパソコンの活用

　甲南大学では，学生のみなさんが学校にパソコンを持ってきて活用するための環境を整えています．本学が提供している様々なサービスを活用するためには，「1.1.1 学内無線 LAN への接続」で説明したように，無線 LAN（Wi-Fi）を使って学内のネットワークに接続することが必要です．

　また本学が契約をしているオフィスソフトウェア（Microsoft Office），アンチウイルスソフトウェア（Trend Micro Apex One）のインストールも行いましょう．みなさんが本学の学生の間は，これらを自由に使用することができます．さらに，パソコンを使いこなすという視点では，インターネット等で提供されている様々なソフトウェアを自分でインストールできるようになることも必要です．

1.2.1　Microsoft Office のインストール

　Microsoft が運営する「Microsoft 365」（「Office 365」とも言います）サイトは，パソコンだけでなくスマートフォンやタブレット端末からも利用可能なクラウドサービスです．Microsoft 365 のホームページに移動したら，各自のメールアドレスとパスワードを入力してサインインします．メールアドレスとパスワードについては，教務部が発行する「履修ガイドブック」の「【第 4 部】知っておいてほしいこと」を参照してください．（電子）メールアドレスの形式は，「ユーザ ID@s.konan-u.ac.jp」となっています．

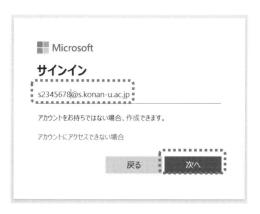

　サインインしたら，「Microsoft 365 へようこそ」画面が表示され，Web アプリとして利用可能なツールが並んでいることが確認できます．また，Microsoft 365 サイトから最新版の Microsoft Office（Word, Excel, PowerPoint など）をご自身のノートパソコンなどに無料でインストールでき，在学中は自由に使用できます．

Microsoft Office には二つのバージョンがあり，Office 365 を使用していると，どちらを使用しているのか混乱するときがあります．

- Microsoft Office（デスクトップ版）
  - ➢ Microsoft 365 のサイトからダウンロードすることにより，Word，Excel，PowerPoint などの最新版が手に入る
  - ➢ パソコンの C:ドライブに 10GB 前後の空きが必要
  - ➢ すでにインストールされている古い Office は削除される
- Office 365（オンライン版）
  - ➢ Microsoft 365 のオンランサービスで提供されている，Web ブラウザで動作するクラウドアプリケーション
  - ➢ ブラウザさえあれば，いつでもどこでも様々な機種から使える
  - ➢ 1つのファイルを，みんなで共有することができる
  - ➢ Microsoft Office（デスクトップ版）に比べ機能が限定されている
  - ➢ データはオンラインに保存され，編集した Word 文書などのファイルをパソコン上に持ってくるには，Microsoft 365 サイトからダウンロードする必要がある

このような違いがあるので，使用には注意が必要です．特に，IT 基礎の課題をオンライン版の Office でこなそうとする人がまれにいますが，オンライン版の Office は機能が限定されているので，課題を完成させることができません．

1. Microsoft 365 のサイトが Outlook 画面などになっている場合は，左にあるホームボタンをクリックしてください．
2. 右上にある「アプリをインストール」ボタンをクリックします．

3. 現れたメニューの「Microsoft 365 アプリ」をクリックすると，ダウンロードが始まります．

4. ダウンロードしたファイルを実行します.
5. 画面の手順どおり, 作業を進めます.

全てのソフトウェア (アプリ) がインストールされるまで時間がかかりますので, 気長に待ってください.

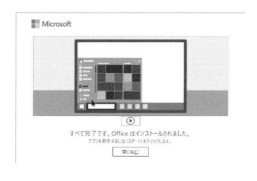

6. 左図のような画面が出れば, インストールは完了です.

● (参考) Teams 自動起動の停止方法 (Windows 11 の場合)

1. 画面中央のWindowsメニューを表示し, 「設定」をクリック
2. メニューの「アプリ」をクリック
3. 「スタートアップ」をクリック
4. 「スタートアップ アプリ」のリストの中の「Microsoft Teams」をオフ

Macbook などの macOS を使用しているユーザも, Windows と同様の手順で Office アプリをインストールできます (場合によっては, 何度かサインインしなおさないと「アプリをインストール」ボタンが出てこないかもしれません). <u>IT 基礎では, パソコンにインストールしてあるこれらのデスクトップ版 Office アプリ (Word, Excel, PowerPoint) を使用して実習を行います.</u> ごくまれに, 課題等で Microsoft 365 サイトのオンライン版アプリを使用する場合は, その都度説明します.

ノートパソコンを忘れた場合など, 貸出ノートパソコンを借りたり, パソコン教室

等のパソコンに入っている Office で作業したりすることもできます（他の授業が行なわれていない場合）．パソコンまわりで何か困ったことがあれば，2号館4階か3号館1階の一番北にある「情報システム室」をたずねてください．

1.2.2　アンチウイルスソフトウェアのインストール

大学生として，教員などいろいろな人とファイルをやり取りしたり，パソコンで動く様々なソフトウェアをインストールしたりするためには，アンチウイルスソフトウェアを活用してコンピュータのセキュリティを高める必要があります．Windows には標準で簡単なアンチウイルスソフトウェアが備わっていますが，本学では，より強力で高機能なアンチウイルスソフトウェアのサービスを契約していますので，学生であればインストールして利用できる環境を整えています．

本学が契約しているアンチウイルスソフトを使うためには，次の手順が必要です．

1. 甲南大学ホームページから「情報システム室」のサイトを訪問し，以下の図にある「ウイルス対策」から，利用申請フォームにアクセスします．
2. 利用申請フォームに必要な事項を記入して送信します．
3. Microsoft 365 の Outlook などを使用し，申請完了メールを確認します．
4. 申請完了メールの指示に沿ってファイルをダウンロードし，インストールを実施します．

申請完了メールの指示に沿ってインストールする際には，みなさんのパソコンを本学に持参し，学内の無線 LAN に接続した上でメールに記入されているリンクを開く必要があります．情報システム室のサイトにある資料を確認した上で，インストールしてください．

1.2.3　インターネットからのソフトウェアの入手

　インターネット上には，様々なソフトウェアが公開されています．スマートフォンやタブレットなどでソフトウェアをインストールする際には，「App Store」や「マーケットアプリ」と呼ばれるインストール専用のアプリを用いて，使用したいアプリをダウンロードします．Windows にも，Microsoft が提供している Microsoft Store というオフィシャルサイトがあり，そこからアプリをインストールすることもできます．ただし，アプリの入手方法はそれだけにとどまりません．アプリのマーケットは最近登場したもので，インターネット上にはマーケットでは提供されていない有償あるいは無償の様々なアプリ（ソフトウェア）が存在し，ダウンロードしてインストールすることができます．

　インターネット上からアプリを入手する際には，次の3点について注意しましょう．

① 　アンチウイルスソフトが問題なく動作しているかどうか
② 　たくさんの人が利用しており，実績のあるアプリであるかどうか
③ 　アプリの入手先が問題のないサイトなのかどうか

　インターネット経由でのファイル入手には，常に一定の危険が存在します．普段から注意を払って利用する必要がありますが，アプリを用いて様々な活動にチャレンジすることのできる機会でもあるので，上記の注意点を守って臆せずにトライしてみましょう．

　①の，アンチウイルスソフトウェアの動作の確認については，本学が提供しているトレンドマイクロのものを例にとると，タスクバー右側のインジケータで確認できます．

　アンチウイルスソフトウェアのアイコンの上にカーソルを置くと，右図のように，「セキュリティエージェント」がオンライン，リアルタイム検索が有効，スマートスキャンが接続済み，といった表示になっていれば問題ありません．ファイルをダウンロードしたり実行したりする際に，自動でウイルスのチェックが実施されます．

　②については，インストールしたいアプリの名前でインターネット検索することで，アプリの利用者がどのようなレビューをしているかで確認することができます．レビューの評価が芳しくない，アプリを使用した感想や利用するための情報が検索でヒットしない，などといった場合は，ダウンロードしないほうが賢明です．

③のアプリの入手先が妥当かどうかは，とても重要な問題です．アプリは主に次の三つの方法で入手します．一つ目は，様々なアプリを提供するオフィシャルサイトが存在する場合です．紹介記事がまとめられており，他のアプリの情報と見比べながらダウンロードするかどうかについて判断することができます．たとえば，窓の杜（https://forest.watch.impress.co.jp/）や，Vector（https://www.vector.co.jp/）といったサイトが良く知られています．二つ目は，リポジトリサイトと呼ばれる，開発者向けのサービスを提供しているサイトです．SourceForge（https://sourceforge.net/）などが有名です．三つ目は，作者や企業が自前で運営しているサイトです．アプリ提供サイトからリンクでアクセスするようになっている場合もあります．これら 3 つの入手方法は，安全が確実に保障されている方法とは言い切れませんが，アンチウイルスソフトウェアが適切に動作していれば，おおむね問題がないと考えられる方法です．

　一方，ダウンロードを避けなければならないのは，ブログ記事や掲示板，SNS，メール等でダウンロード先だけが紹介されているような場合です．このようなケースでは，違法なソフトウェアやウイルスが入ったファイルをダウンロードしてしまう危険が高くなります．出どころの怪しいリンクを開いてアクセスすると，オフィシャルサイトそっくりに仕立てられた偽物のサイトに誘導されてしまうかもしれません．万全を期すには，希望のアプリを見つけたら，開発元のオフィシャルサイトに直接アクセスして探す，という方法がよいでしょう．

1.3　　　　コンピュータの基本操作

　コンピュータと人間との間で情報をやりとりする装置のことを，ユーザインタフェースと呼びます．通常，ノートパソコンにはユーザインタフェースとしてキーボードとタッチパッドが付いています．通学時の電車の中などで座席に座って作業する場合，タッチパッドを使用してコンピュータにさまざまな指示を与えることになりますが，画面上のマウスポインタを操るのに苦労するのではないでしょうか．

　机上で作業する場合，画面上の操作についてはタッチパッドよりもマウスのほうが的確に作業ができます．よって，IT 基礎ではノートパソコンに加えマウスの持参を強く推奨します．

1.3.1　　キーボード

　キーボード（keyboard）は，指の打鍵によりコンピュータに文字や数字といったデータを直接入力するための入力装置です．キーボードは多くのキーから構成され，そ

れぞれに呼び名と役割があります．主なキーの名称とその役割について紹介します．

A ～ Z ：英単語を入力したり，かなや漢字に変換したりするためのローマ字を入力します．

0 ～ 9 ：数字を入力します．

　　　　：空白を 1 文字分空けたり，文字入力時に"ひらがな"から"漢字"に変換したりするときに使います（スペースキー）．

Tab ：ワープロなどで，指定された位置まで空白を挿入します．

Enter ：文章入力の途中で行を改行したり，変換文字の確定を行ったりします．（"リターンキー"または"改行キー"とも呼ばれます．）

Back space ：カーソルの直前にある（左側の）文字を 1 字削除します．

Delete ：カーソル上あるいはその直後にある（右側の）文字を 1 字削除します．

Insert ：文字の「挿入」と「上書き」の切り換えを行います．

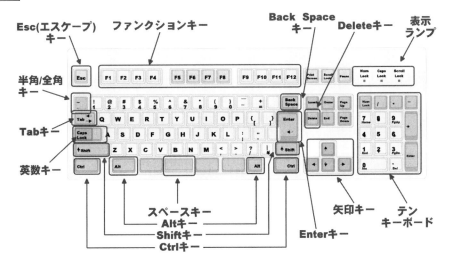

1.3.2　タッチタイピング

　みなさんのパソコンのキーボード上には，アルファベット，数字，ひらがな，そしてさまざまな記号のキーが並んでいます．パソコン初心者にとっては，どのような時にこれらの中のどのキーを押せばよいのか悩むことでしょう．キートップに書かれている文字や記号を見ずともキーを押さえる（タッチタイピングする）ことができるようになれば，レポート提出などの際にパソコンを効率的に使用することができます．

　タッチタイピングを習得すれば，できる限り指を動かすエネルギーを最小にしながら（すなわち疲れが少ない），速くタイプできるようになります．タッチタイピングを習得する上で最も重要なことは，キーを押さえる指以外は「ホームポジション」から動かさないようにすることです．ホームポジションとは，タッチタイピングを行う際に，

指を置く所定の位置のことです．以下にホームポジションを示します．親指は，両方ともスペースキーの近くに乗せておいてください．

左手	小指	A
	薬指	S
	中指	D
	人差し指	F
右手	人差し指	J
	中指	K
	薬指	L
	小指	;

　ホームポジションに指を置き，キートップに書かれている文字や記号をいちいち見なくとも，キーを押さえることができるよう練習します．タッチタイピングができないと，レポートがなかなか仕上がらず困ることになるかもしれません．

　タッチタイピング練習のための様々なアプリがあります．無償のものに限っても，ブラウザ上で動くものから，ダウンロードして実行するタイプのフリーソフトウェアまで様々なアプリが公開されています．ソフトウェアのインストール練習も兼ねて，いろいろなアプリを試してみましょう．

1.3.3　マウス

　IT 基礎の演習を行うため，マウスを持参して，授業時間中はみなさんのノートパソコンに接続することを強く推奨します．「マウス」もキーボードと同様，コンピュータに接続される入力装置の一つです（ポインティングデバイスとも呼ばれます）．形がネズミに似ていることからこの名前が付きました．ここでは，マウスの基本的な操作方法について説明します．

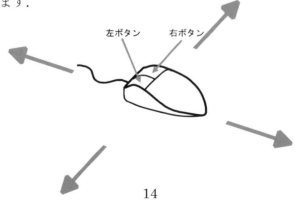

左ボタン　右ボタン

Windows 上では，画面に表示されているいろいろなものを指し示し，指示を与えるためにマウスを使います．マウスは，机の上で前後左右に滑らします．画面上には矢印（マウスポインタ）が表示されています．マウスポインタはマウスの動きにあわせて動きます．

マウスボタンの操作

- 左ボタン

  ほとんどの操作は左ボタンだけを使います．単に"クリック"と言う場合は，左ボタンを"カチッ"と押してからすぐに指を離してください．

- 右ボタン

  多くの場合，マウスポインタ（画面上の矢印）が指し示している操作対象についての"プルダウンメニュー"が表示されます．出てきたメニューに表示されている機能のうちどれかを選択しクリックすることによって，ソフトウェアや Windows に指示を与えます．

- ホイール

  クリックすることにより，中央ボタンとしても使用できるホイールが付いています．ホイールを指で回転させることにより，画面をスクロールしたりできます．

1.4　コンピュータにデータを保存する

　みなさんの作成した文書やレポートを手もとのパソコンの中に保存する場合，素早くアクセスすることはできますが，パソコンの SSD やハードディスク容量を消費してしまいます．また，不慮の事故などでパソコンが壊れてしまったり，ファイルを間違って消してしまったりした際にはデータが永遠に失われてしまうことになります．みなさんのパソコンにデータを保存する際には，Microsoft 365 の OneDrive などにもバックアップをとることをおすすめします．

1.4.1　フォルダの作成，名前の変更などの操作

　Windows では，ハードディスクや SSD（Solid State Drive）などの記憶装置のことをドライブと呼んでいます．ドライブを区別するのに一文字のアルファベット（A〜Zまたは a〜z）にコロン（:）をつけて表します．例えば，SSD 装置の一つを「C:」あるいは「c:」と表します．

　Windows では「エクスプローラー」と呼ばれるファイルやフォルダ操作のためのアプリを起動することができます．エクスプローラが起動すると，簡単にアクセスでき

るいくつかのフォルダが表示されます．たとえば，ある Web ページから保存先を指定せずにファイルをダウンロードした場合，そのファイルは「ダウンロード」フォルダの中に格納されます．また，文書は通常「ドキュメント」フォルダの中に保存します．

上図のように，エクスプローラーの下部は二つの部分（フレーム）に分かれています．左のフレーム（ナビゲーションウィンドウ）にはドライブやその中のフォルダが階層的に表示されます．右のフレームには現在参照中のフォルダ内にあるファイルや（サブ）フォルダが表示されています．

いくつかの作成済ファイルを整理するには，フォルダ（ディレクトリ）を作成して，その中にファイルを格納（移動）する必要があります．フォルダを作成するには以下の操作を行います．

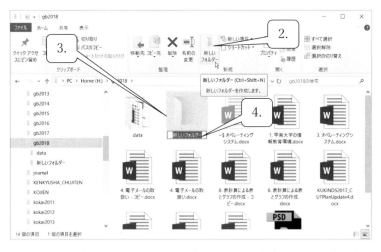

1. 新しいフォルダを作成したい場所に移り，その内容を右画面に表示します．
2. 新しいフォルダ ボタンをクリックします．
3. 「新しいフォルダ」という名前のフォルダができたことを確認します．

4. 「新しいフォルダ」の背景が青くなっている状態で,「フォルダ名」を入力し Enter キーを押します.

5. 入力した名前のフォルダになっていることを確認します.

1.4.2 ファイルのコピー, 移動, 名前の変更, 削除などの操作

ここでは, マウスを用いてファイル (あるいはフォルダ全体) を移動したりコピーしたりする方法 (いわゆるドラッグ・アンド・ドロップ操作) について説明します.

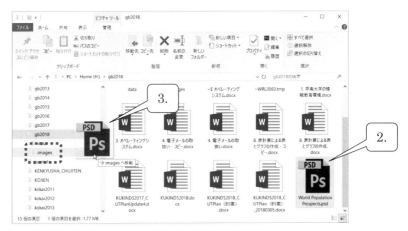

1. コピー (移動) したいファイル (あるいはフォルダ) が現れるまで, ドライブやフォルダのアイコンをダブルクリックしてフォルダ階層をたどっていきます.

2. 右フレームに目的のファイル (あるいはフォルダ) が現れたら, そのファイル (あるいはフォルダ) にマウスポインタを合わせ, マウスの左ボタンを押し続けます (コピー先を正確に指示するまで, 絶対にマウスのボタンから指を離してはいけません).

3. マウスポインタを左フレームに持っていき (ドラッグし), コピー (移動) 先の「ドライブ名」あるいは「フォルダ名」の色を反転させます (上図では「images」フォルダに移動しようとしている).

4. コピー先のドライブあるいはフォルダ上に正確にマウスポインタを合わせたら, そこで初めてマウスの左ボタンから指を離します (ドロップする).

5. 指を離すと同時にファイルが移動またはコピーされます.

ドラッグ途中のカーソルには, コピーするファイルやフォルダのアイコン (上図では Photoshop ファイルのアイコン) が付いてきます. 移動とコピーとを切り換えるには, 以下のどちらかのキーを押しながら操作してください.

● Ctrl キー: 「移動」→「コピー」
● Shift キー: 「コピー」→「移動」

17

移動やコピー以外のファイル操作を行うには，マウスの右ボタンをクリックしてプルダウンメニューを出す方法があります．

　操作したい目的のファイルやフォルダ上にマウスポインタを持っていき，マウスの右ボタンをクリックします．Windows11 を使っている場合は，さらに その他のオプションを表示 ボタンをクリックすると，次の図のようにメニューが現れます．このメニューによるファイル操作は指定したファイルないしはフォルダに対し実行されます．

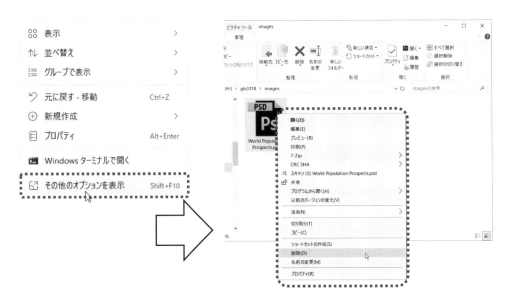

　メニューの中で良く使う機能について以下に説明します．

● 開く（O） ファイルに対応付けられたソフトウェアを起動して，ファイルを開きます．

● 印刷（P） 指定したファイルの内容を印刷します．

● 切り取り（T） ／ コピー（C） マウスによるドラッグ・アンド・ドロップではないコピーや移動操作を行いたい時にこのコマンドを選択します（次にコピー先のフォルダをマウスで右クリックし 貼り付け（P） を選択します）．

● 削除（D） 指定したファイルやフォルダを削除したい時にこのコマンドを選択します．

● 名前の変更（M） ファイル名やフォルダ名を変更したい時にこのコマンドを選択します．

● プロパティ（R） ファイルに関する詳細情報を見たい場合，このコマンドを選択します．

1.5　クラウドにデータを保存する

　甲南大学が契約している Microsoft 365 上のクラウドストレージである One Drive を利用することで，インターネット上にデータを保存することができます．自宅での作業で完成させたレポートなどのデータをクラウドに保存すれば，本学キャンパスでも同じデータにアクセスすることができ便利です．

　クラウドにデータを置くことで，様々な場所からアクセスできるだけでなく，複数のユーザと協働作業をすることもできます．対応するスマートフォンアプリからデータを閲覧できるなど，学びを深めるうえでも大変役に立ちます．

　一方，クラウドストレージにはデメリットもあります．手元のコンピュータの中にデータが入っている場合と異なり，処理に時間がかかったり，手元のコンピュータにデータをダウロードしないと意図する作業ができなかったり，などといった問題が発生することがあります．Windows を使いこなすには，データがクラウド上にあるのか手元の PC の中にあるのかを意識し，やりたいことに応じてデータの保存場所をみなさん自身が積極的にコントロールする必要があります．

　本学のアカウントでクラウド上にデータを保存するときには，アプリ等からではなく，ブラウザ上の Microsoft 365 から OneDrive にアクセスするのがおすすめです．OneDrive へはアプリもしくはブラウザのどちらでもアクセスができ，アプリには Windows との間で自動的にデータをやり取りする「同期」という機能があります．

　みなさんの中には，パソコンをセットアップした際に，マイクロソフトの案内に従って，個人アカウントのまま OneDrive の設定を済ませている人がいるかもしれません．この状態でさらに OneDrive と同期しようとすると，同期の環境やアカウントの設定がおかしくなってしまう可能性があります．パソコンを使った本学とのやり取りはブラウザから行う，と決めておくと，トラブルの心配なくファイルのやり取りができます．

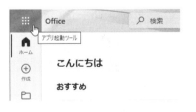

1.　Microsoft 365 にサインインしたら，左上の「アプリ起動ツール」を選択します．

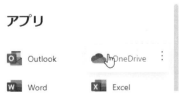

2.　アプリ一覧の中に OneDrive があるので，これをクリックして選択します．

3. 新規からフォルダを選び，個人デ
ータを置くためのフォルダを適切
な名前で作ります．

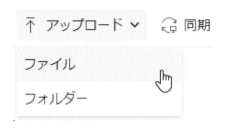

4. 作成したフォルダ内に手元のコン
ピュータからデータをアップロー
ドする場合は，アップロードボタ
ンから対象を選択します．

5. OneDrive に設置したファイルに
よっては，ブラウザ上で編集が可
能です．クリックすると対応のク
ラウドアプリが立ち上がります．

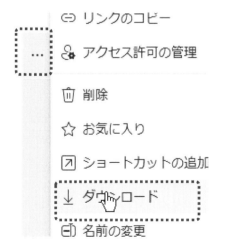

6. 点が三つ並んだ「アクションの表
示」ボタンから「ダウンロード」を
選ぶと，対象のファイルを手元の
PC にダウンロードできます．
   ➢ My KONAN にファイルを提
   出する場合や，IT 基礎の課題
   をパソコン上のアプリで作業
   する場合，事前に手元の PC に
   ダウンロードしておく必要が
   あります．

1.6　パソコン教室の概要と配置

　甲南大学岡本キャンパスでは，2号館と13号館にパソコン実習のための教室を整備しています．備え付けのPCを自由に利用することができる自由利用スペースとして，2号館の242 SMART LABO，5号館の526 SMART LOUNGE およびサイバーライブラリが用意されています．また，2号館のサポートデスク，5号館のサイバーライブラ

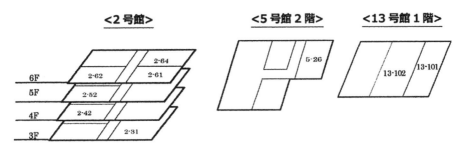

リでは，当日・学内限定でノートパソコンの貸し出しを受けることができます．2号館と13号館にあるパソコン教室も，授業で利用されている時間以外にはみなさんが自由に利用することができます．加えて，CUBE（西宮）やFIRST（ポートアイランド）の新キャンパスともネットワーク接続され，それらキャンパスでの情報処理関連の実習などで学生のみなさんがインターネットアクセスする際などに利用することができます．

　2023年9月現在，富士通製のサーバと全体で六百台以上のパソコン（パーソナル・コンピュータの略称です）が導入され，パソコンのオペレーティングシステムは主に Windows 11 Professional となっています．

　本学の全ての学生は，パソコン教室のパソコンを利用するための「ユーザID」を持っています．したがって，授業時間帯以外の各教室や自由利用教室で自由にパソコン

◆教育（学習）・研究目的以外
　でのパソコン教室利用禁止!!

◆パソコンにログオン
　したまま離席しない.
◆荷物で場所取りしない.

◆ユーザID・パスワードは
　他人に貸さない，教えない!!
　忘れないようにしっかり管理.

◆飲食・喫煙・携帯電話に
　よる通話等，他の利用者
　への迷惑行為は禁止!!

◆同一データの複数部数印刷や
　教育（学習）・研究目的以外
　での印刷は禁止.

を使用してインターネットアクセスなどを楽しむことができます．なお，コンピュータ機器への影響を考慮し，教室内での**飲食や喫煙は固く禁止**していますので，遵守をお願いいたします．

1.7　パソコン教室および貸し出しパソコンの利用

本学のパソコン教室は，2号館，5号館，13号館に分散して配置されています．パソコン教室は，自由利用のために常時開放されている教室と，授業がない時間帯にのみ自由利用に開放されている教室の二種類があります．利用できる時間帯は教室や曜日によって変わります．情報システム室のホームページで確認するようにしましょう．

＜自由利用教室＞

242 教室	月～金…9:00～17:50	土日祝…閉室
526 教室	月～金…9:00～17:50	土日祝…閉室

＜自由利用教室以外の教室(=授業時間以外で利用可能)＞

231 教室	月～金…9:00～18:00	土…9:00～13:00
13-101 教室	月～金…9:00～18:00	土…9:00～13:00
その他 PC 教室	月～金…9:00～18:00	土…9:00～13:00

また，当日限り・学内限定でノートパソコンの貸し出しを受けることができるサービスもあります．2号館4階の情報システム室サポートデスク，5号館3階のサイバーライブラリでレンタルができます．IT基礎の受講においても，機器不調の際などにノートパソコンを借りることができますが，あくまで非常用と考え，自分のノートPCを十分に使えるように充電などのメンテナンスを怠らないようにしましょう．

教室のパソコンを使うためには，ユーザ名とパスワードの入力が必要です．まずは，パソコンの電源スイッチを押して，起動しましょう．

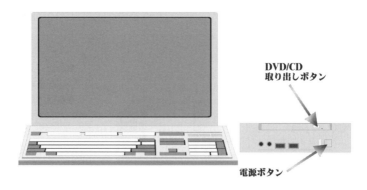

DVD/CD
取り出しボタン

電源ボタン

ログオン画面が表示されたら，「ユーザ名」（「ユーザ ID」とも言います）と「パスワード」を入力してログオンします．
ユーザ ID とパスワードについては，教務部が発行する「履修ガイドブック」の「【第4部】知っておいてほしいこと」を参照してください．

1.8　　学内でのプリンタの利用

　パソコン教室などに設置してあるプリンタは，以下の条件で使用できます．プリンタはコピーするための機械ではありません．複数部数印刷はできません．同一のものが複数必要な場合，コピー機を利用してください．なお，教育・研究目的以外での印刷

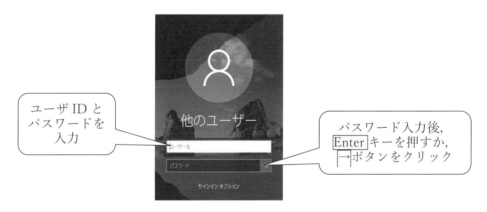

ユーザ ID と
パスワードを
入力

パスワード入力後，
Enter キーを押すか，
→ボタンをクリック

は禁止されています．注意して使いましょう．

印刷上限枚数	1000 ポイント／1 年間（年度ごとに更新） （モノクロ 1 枚＝1 ポイント，カラー1 枚＝5 ポイント）
設置場所	各パソコン教室，図書館，サイバーライブラリ，iCommons など
印刷可能サイズ	A4 のみ

　持ち込んだパソコンから印刷する場合，まずは学内 LAN（konan-net）に接続してください．Windows パソコンには「モビリティ・プリント」アプリをインストールする必要があります．Macbook や iPad, iPhone については，インストールは不要ですが，事前の設定が必要です．

　アプリのインストールや使用方法については，本学 Web サイト（www.konan-u.ac.jp）において「キャンパスライフ」のボタンをクリックし，「情報環境（情報システム室）」を選択してください．情報システム室の Web ページにおいては，「サービス案内」ボタンをクリックし，「学内プリンタ利用方法」を選択して説明を確認してください．

教室にあるプリンタで印刷する際の手順は，以下のとおりです．

1. パソコンなどのソフトウェアを操作して，印刷を行います．Word では，「ファイル」タブをクリックしたあとメニューから「印刷」を選択して印刷します．

2. 教室などに設置してあるプリンタ上部のカードリーダに学生証をかざします．

● 学生証を忘れた場合は，「ユーザ名」と「パスワード」を画面より入力してください．

3. 印刷したいプリント出力をタップしてチェックマークをつけ，「印刷」ボタンをタップしてください．

2. 図書館とその情報環境の利用

2.1　図書館と情報収集

2.1.1　図書情報の特徴とアプローチ

　図書館は，記録された情報にアクセスすることができる場所です．図書館には，文字通り図書が多数取り揃えられていますが，最近では多様な情報メディアを総合的に扱う場所として機能しています．

　図書館で情報にアクセスする際の情報探索は，大きく2つに分類されます．第一は，求める資料（情報源）がすでに分かっていて，利用者がその入手方法を知りたい場合で，これを**既知探索**と呼びます．第二は，得たい情報を掲載している資料（情報源）を利用者が知りたいという場合で，これを**未知探索**と呼びます．ここでは，様々な図書・論文，新聞，百科事典にアクセスし，求める情報を見つけるための方法について紹介します．

2.1.2　図書館のホームページを使う

　甲南大学の図書館には，利用者が施設を十分に活用できるよう，効果的な利用方法を紹介するホームページが整備されています．「甲南大学　図書館」等でWeb検索し，早速アクセスしてみましょう．

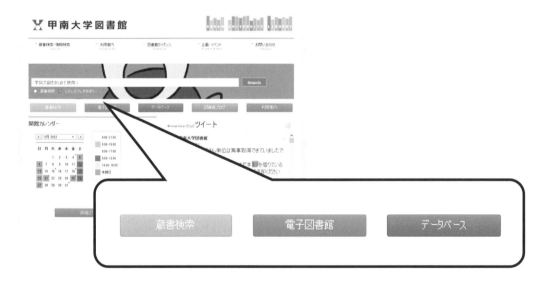

　図書館のトップページには情報検索や利用案内へのリンクが設定されています．また，開館時間をわかりやすく色づけしたカレンダーもあります．主に使うのは，「蔵書検索」「電子図書館」「データベース」ですが，訪問が初めての場合は，右上の「利用案内」のリンクをクリックして情報を確認しておきましょう．これらのリンクからアクセスできる部分には，図書館の情報環境の基本から応用まで，詳しいコンテンツが準

備されています.

　図書館の特徴は，なんといっても膨大な数の書物を保管していることです．これら
の資料はただ保管されているのではなく，活用できるように整理されており，探し方
を知れば簡単にみつけることができるようになっています．その探し方の鍵となるの
が**二次情報**と呼ばれる情報です.

2.1.3　　二次情報とはなにか

　研究・発明・創作などの成果として，書籍やオンライン上のデータなど，様々なもの
が生み出されています．こういったオリジナルな内容のデータや情報を，**一次情報**と
呼びます．一次情報は，みなさんが図書館で手に取ることのできる本（書籍）のことを
指していますが，未知探索の実施，すなわち，みなさんが得たいと思っている情報がわ
かっていても，大量の一次情報（書籍）の中から，目的の情報をきちんと選び出すこと
は非常に難しい問題です.

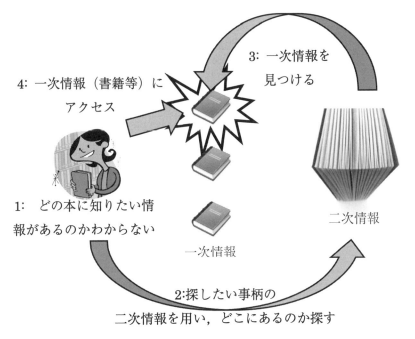

　そこで，この一次情報を加工し，必要なデータを効率的に探すことができる形にま
とめたデータを探索に使用します．これを**二次情報**と呼びます．二次情報の例として，
文献の内容を要約した「抄録」，書名や著者名などを５０音順に調べることが出来る「索
引」，書名・著者名・キーワードなどの書誌情報と所在情報が一覧になった「目録」な
どがあります．このような二次情報は，それぞれが書籍として発行され，広く利用され

てきました．そして，今日では，コンピュータのデータベースにそれらが格納されるようになっています．欲しい情報がどんな資料に掲載されているのかを，二次情報を使って調べると，一次情報を見つけることができるはずです．この関係を図に書き直すと，前ページのようになります．

2.2　データベースとは何か

　データベースとは，1950年代にアメリカ国防総省がコンピュータを用いて構築した，兵員や武器の戦力に関する情報の集積を，「データの基地」すなわちデータベースと呼んだことに始まるといわれています．データベースは，文章，数値，図形その他に関する情報の集合物で，コンピュータを用いてそれらの情報を検索できるよう，体系的に構成したものです．

　データベースの情報は，Web検索で得られる情報とどのように違うのでしょうか．検索する単語を入力すればそれに関連した情報が得られる，という点ではそれらは似ています．また，どちらも大きなデータの集合体を扱うという点では同じです．データベースでは，特定の記録形式（フォーマット）に整えられ定型化されたデータが格納されており，整理・統合されている点に大きな違いがあります．これにより，著者名や発行年，キーワード等の属性に基づいてデータを迅速に取り出すことができます．このように，データベースの情報は，人的・時間的コストを投入し整理された付加価値の高い情報なのです．

	データベース	Web検索による情報
構造	定型	非定型
検索手段	検索システム	検索エンジン
情報源タイプ	特定情報源（記事等）	種々雑多
情報分野	特定専門分野（生物学，文学等）	不特定

2.2.1　データベースの分類

　データベースには，利用者への提供のしかたによって様々なものが存在します．以下ではいくつかの切り口により分類してみます．

2.2.1.1　提供形態から見た分類
オンラインデータベース

インターネットなどのネットワークを経由して提供されるデータベースです．現在の主流で，一見すると普通の Web 検索のように見えてしまうかもしれませんが，検索先が提供者の用意している特定のデータベースとなっています

オフライン（スタンドアロン）データベース

CD-ROM や DVD によって提供されているデータベースです．1990 年代には広く普及していましたが，需要の高いものを除き，インターネットが普及した現在ではその数が減りつつあります．データを取り扱うためには，ディスクの追加や交換が必要となるなど，取り扱いの不便さも普及を妨げる原因の一つとなっています．

2.2.1.2 情報の加工度から見た分類

レファレンス・データベース

二次情報を扱うデータベースです．書名や著者名などの情報（書誌），抄録，キーワード等が収録されています．最も広く利用されています．

ファクト・データベース

数値や科学構造式などのデータベースです．特定ジャンルの詳細な事柄について正確な情報を得ることができます．

全文データベース

新聞記事など主として一次情報が格納されたデータベースです．文献や記事をそのまま収録しているので，文献の本文そのものを検索することができます．

2.2.2 甲南大学で利用可能なデータベース

甲南大学図書館が提供しているデータベースは，ホームページの「データベース」のセクションから確認できます．データベースのリンクをクリックすると，データベースの種類別に分かれたリンクが表示されます．ここから，本や電子書籍，学術雑誌など，様々なデータベースにアクセスすることができます．

データベース

本を探す
　本を探すためのデータベース

電子書籍
　電子書籍の提供元（プラットフォーム）－

雑誌記事・論文を探す
　学術雑誌に掲載された論文、一般雑

2.2.2.1 図書・論文：Webcat Plus

「本を探す」リンクをクリックして，図書関連のデータベースの一覧にアクセスしてみましょう．この中の一つに Webcat Plus があります．国立情報学研究所（NII）が提供する，無料の情報サービスです．江戸時代前期から，今日に至るまで，出版された書籍の情報を蓄積しています．目次や抄録までアクセスすることができます．フリー

のデータベースであり，学外からでも自由にアクセスできます．

2.2.2.2　新聞：ヨミダス歴史館

　読売新聞のデータベースです．「新聞・新聞記事データベース」のリンクからアクセスできます．創刊された 1874 年（明治 7 年）から今日に至るまでの新聞記事を検索・閲覧することができるデータベースです．

　アクセス条件は「学内＋VPN」と記載されています．すなわち，学内のコンピュータ（無線 LAN 接続されたパソコン，あるいはパソコン教室，図書館，研究室などにあるパソコンなど）からのみアクセスできるという意味です．学外（自宅など）からは，情報システム室のホームページに操作方法が記載されている，VPN 接続と呼ばれるインターネット接続により利用することができます．

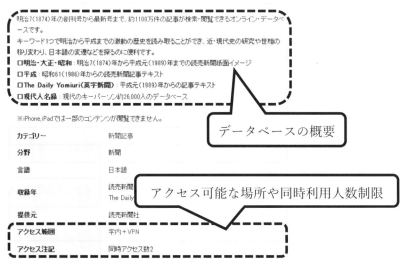

　また「同時アクセス数 2」は，同時にデータベースを閲覧できるコンピュータが 2 台までという意味です．二人の人がデータベースを使用しているときには，その人の利用が終わってから，アクセスが可能となります．同時接続数に制限のあるデータベースを使った時は，利用が終わったら必ずログアウトしてください．

2.2.2.3　百科事典：ブリタニカ・オンライン

1768 年に刊行が始まった，長い歴史を持つ百科事典です．「オンライン百科事典・辞書・便覧」のリンクからアクセスできます．甲南大学では，「Encyclopedia Britannica」（英語版），および「ブリタニカ国際大百科事典」（日本語版）にアクセスすることができます．オンライン上の有志の協力によって作られている Wikipedia とは異なり，出版社が責任をもって編集した解説が公開されています．画像や動画といったマルチメディアコンテンツにもアクセスすることができます．

2.2.2.4　統計：e-Stat

日本政府が公開している統計関連の情報をまとめたポータルサイトです．画面下部の「データベース一覧」の中にあります．貿易統計や人口統計等，ゼミでの発表や卒業研究に役立つ情報にアクセスすることができます．Webcat Plus と同じくフリーのデータベースで，学外からでも自由にアクセスできます．

2.2.3　データベース利用上の注意点

データベースは大変便利なものですが，甲南大学の学生であるみなさんは，本学が提供元と交わした契約の下に利用を許可されているだけです．データベースを利用する際，次のような行為は厳しく禁じられています．

- 個人の研究・教育目的以外でのダウンロード・保存・プリントアウト
- 大量のダウンロード
- 人による操作を介さない，プログラム等を利用したダウンロード
- 内容のコピー，データの改編，再配布，転売，その他著作権を侵害する行為

契約違反があった場合，大学全体の利用が停止されます．他の学生全員，教職員全員に迷惑がかかり，大学としての教育研究活動が著しく阻害されてしまいます．上記の注意点を厳守した上で，データベースを活用してください．

2.2.4　データベースの検索方法

データベースから必要とするデータを取り出す際，単にキーワードを入力するだけでも検索できますが，望む結果を得るためには検索システムに細かく指示を与える必要があります．以下では，様々な検索方法について解説します．

AND 検索

「かつ」の意味です．指定した語が両方含まれるものを探します．

梅と桜，双方を扱った情報を検索したい

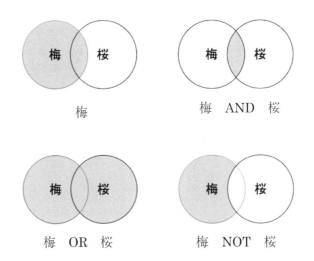

梅 梅 AND 桜

梅 OR 桜 梅 NOT 桜

→入力例「梅」AND「桜」

OR 検索

「または」の意味です．指定した語のいずれかが含まれるものを探します．

梅か桜，どちらか，あるいはどちらも含まれるような情報を検索したい

→入力例「梅」OR「桜」

NOT 検索

A NOT B で，「B を含まない A」といったものを探します．

梅の情報を探したいが，桜について含まれているものは除いて検索したい

→入力例「梅」NOT「桜」

AND 検索, OR 検索, NOT 検索の指定のしかたは，データベースによって異なります．データベースのヘルプを見て，使い方を確認するようにしましょう．

マスク文字検索

検索方法は他にも様々なものがありますが，ここではマスク文字検索を紹介します．マスク文字は，ワイルドカードと呼ばれることもあります．ワイルドカードは，トランプでいうとジョーカーのようなものです．どんな文字の代わりにもなる，特別な文字です．ワイルドカードには，検索システムによって様々な文字列が割り当てられています．たとえば，「＊」がワイルドカードの文字として良く用いられます．

前方一致検索

ワイルドカードの前に，文字を書く方法です．たとえば，「デザイナーのための」というような知りたい本のタイトルの最初の数文字だけがわかっている場合，「デザイナーのための＊」と検索することにより，「デザイナーのための Web レイアウト」，「デザイナーのための色彩入門」などといった情報を検索することができます．

後方一致検索

ワイルドカードの後ろに，文字を書く方法です．「＊クッキング」など知りたい本の
タイトルの最後の数文字がわかっている場合などに使います．

完全一致検索

知りたい本のタイトルが「科学」など，一般的な単語である場合，検索結果が多すぎ
て見つけられない場合があります．単語の前に「＃」をつけたり（図書館 OPAC での
検索の場合），単語をダブルクォーテーション「""」で囲んだり（Google 検索の場合）
すると，指定した単語に完全一致するものだけを検索できます．

2.3　　情報の利用と著作権

図書館には，様々な著作物が収められています．言語著作物，音楽著作物，地図，映
画著作物，写真著作物，二次的著作物，編集著作物，データベース著作物です．特に注
意が必要なのは，検索のために整備された二次著作物や，データベースの内容も著作
物に含まれるということです．

2.3.1　　著作権と参照

既存の情報を利用した場合には，利用した情報の出典を明記しなくてはなりません．
著作物の出典としては，その書誌事項を記述することになります．

2.3.2　　書誌情報の書式

書誌情報は次の表のように整理して記載します．卒論など論文を執筆する場合では，
どのように表記するのか指定されている場合があり，そういったケースではその指定
に従って作成します．例えば，出版年月の「月」等，不明の情報は無理に埋める必要は
ありませんが，みなさんが記載した情報をもとに，誰もがその書籍を見つけ出せるよ
う作成しておく必要があります．今日では，Web からの情報を得ることが多くなりま
した．Web については，Web ページのタイトル，Web サイト名，URL（そのページに
アクセスすることのできる（できた）アドレス），情報を閲覧した日時を記載する必要
があります．

書誌情報の書式例（見やすさのため，途中で改行しています）	
本	**著者名，『タイトル』，出版者（出版社），出版年**
	例）平生釟三郎 甲南学園平生釟三郎日記編集委員会編『平生釟三郎日記　第1巻』甲南学園，2010
論文	**著者名，「論文のタイトル」，『雑誌名』，巻(号)，ページ，発行年月**
	例）山中伸弥，「iPS細胞の可能性と課題」，『日本内科学会雑誌』，第98巻第9号，pp.2141-2145，2009.
論文（英語）	**著者名，"タイトル"，雑誌名，巻(号)，ページ，発行年月.**
	例）J. R. Anderson, A. T. Corbett, K. R. Koedinger, and R. Pelletier, "Cognitive tutors: Lessons learned," Journal of the Learning Sciences, 4(2), pp.167-207, 1995.
新聞	**『紙名』，掲載年月日，紙面，ページ**
	例）『日本経済新聞』，2013年1月10日，朝刊，p.20
Web	**「Webページのタイトル」，Webサイト名，URL，（参照日付）**
	例）「情報セキュリティ広場」，警視庁，http://www.keishicho.metro.tokyo.jp/haiteku/index.htm，（参照2013年2月4日）

2.4　図書の活用

2.4.1　図書

　図書館の名前の通り，図書（本）は最も基本的な情報源です．他方，2005年には年間8万点を越える新刊が発行されており，膨大な書籍の中から目的の本を見出すためには工夫が必要です．図書は，13桁の固有番号 ISBN（International Standard Book Number: 国際標準図書番号）で識別されます．ISBN がわかれば，本を特定することができます．

2.4.2　本を探す：書架の利用方法

　図書館の中で，本はどのように並んでいるのでしょうか．本の並べ方には，「日本十進分類法」と呼ばれるルールがあります．元々はアメリカで提案されていたデューイ十進分類法と呼ばれる書籍の分類方法を，日本の書籍に適した形に整えたものです．甲南大学図書館では，1978年の8版の規格に沿って整理されています．次ページの表に紹介したのは，項目の大まかな分類だけであり，実際にはもっと細かな分類が定められています．図書館のホームページ（図書館活用ヒント集）から確認できるので，ぜ

ひチェックしておきましょう．例えば，マーケティングは経営分野では無視できない要素ですが，これは 300 の「社会科学」ではなく 600 の「産業」の大分類に含まれています．コンピュータのソフトウェア解説書などの書籍が含まれている情報科学は，「総記」の大分類に入っているなど，探す際に少し注意が必要です．

　書架に並んでいる本の背表紙には，右のような請求記号ラベルが貼られています．日本十進分類法の分類番号は請求番号ラベルの一番上の段に表示されています．同じ分類の書籍は同じ分類番号なので，似たような題材の本を探すときの手がかりになるでしょう．下の巻数番号・受入番号は，導入時期によって書式が変わっていることがあります．後述する OPAC 検索で本を探すときには，配置場所をよく確認してから書架へ向かいましょう．

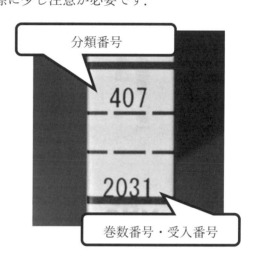

分類番号

407

2031

巻数番号・受入番号

番号	内容	備考
000〜089	総記	辞書・事典，叢書等．また，情報科学が 007 として収録されています．
100〜199	哲学	哲学，思想，心理学，宗教等が含まれます．
200〜299	歴史	世界史，日本史，伝記，地理等が含まれます．
300〜399	社会科学	政治，法律，経済，経営，教育，民俗学等が含まれます．
400〜499	自然科学	数学，物理学，化学，生物学，医学・薬学等が含まれます．
500〜599	技術・工学・工業	建築工学，公害・環境工学，機械工学，化学工業等が含まれます．
600〜699	産業	農業，水産業，マーケティング，運輸，通信事業等が含まれます．
700〜799	芸術	絵画，写真，音楽，演劇，スポーツ等が含まれます．
800〜899	言語	日本語，英語，中国語等，語学が全て含まれます．
900〜999	文学	日本の文学から世界の文学まで，文学作品が含まれます．

2.4.3 OPAC の利用

OPAC（Online Public Access Catalog）は蔵書検索システムとして一般に普及しているもので，多くの図書館が採用しています．図書館が所蔵する図書を検索し，表示することができます．本学の図書館でも OPAC システムを運用しており，甲南大学内にある蔵書や研究用資料などを検索することができます．OPAC の基本画面は下図のようになっており，検索画面に，キーワードやタイトルを入力して検索します．

以下では，かな漢字変換で表示されない例として，「ひらお　はちさぶろう」のようにひらがなで入力が行われています．この場合，AND 検索となり，「ひらお」と「はちさぶろう」双方をキーワードに含み，「平生釟三郎が書いた本」と「平生釟三郎について書かれた本」の両方が検索できます．

1. OPAC の画面にアクセスするためには，ホームページの蔵書検索のリンクをクリックします．

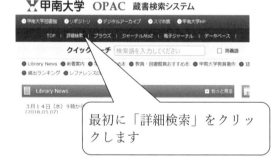

2. OPAC に移動したら，最初に詳細検索をクリックします．

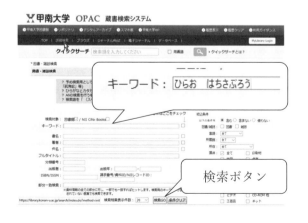

3. 詳細検索画面が表示されます．
4. キーワードの部分に「ひらお　はちさぶろう」と入力します．
5. キーワードを入れたら検索ボタンをクリックします．

タイトル：入力した語がタイトルに含まれているものが見つかれば，検索結果として表示されます．

キーワード：タイトルや著者名のほか，本のテーマや内容に対象の語が含まれている場合，検索結果に表示されます．

検索結果は次の図のようになります．この図から，書籍の情報を知ることができ，配置場所からどこに探しに行けば良いのかがわかります．また分類番号，巻数番号・受入番号がわかるので，書架から本を探し出すことができます．

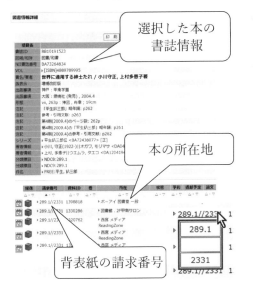

- 書誌情報が表示され，著者の情報や発行年度等の詳細を確認できます．
- 本が置いてある場所は「所在」のセクションで確認できます．
- 図書館，○F開架と記載されている場合は，本を手に取って確認できる状態に配置されています．
  そうでない場合は，図書館のカウンターに問い合わせてみましょう．
- 「請求番号」にマウスポインタをあわせると，背表紙に貼られたシールのサンプルが表示されます．

OPACを使って検索をする際，色々な工夫をすることができます．

▼図書・雑誌検索

| 図書・雑誌検索 | ▷図書・雑誌検索とは？ │ ▷「NII CiNii Books」とは？ ▷同義語検索とは？ |

? 予め検索用として設定された単語を対象に検索します。(例：「どくとるマンボウ航海記」→「どくとる」「マンボウ」「航海記」等)
? ひらがなとカタカナ、大文字と小文字は区別せずに検索ができます。
? AND検索を行う場合は単語をスペースで区切ります。OR検索を行う場合は単語を「｜」で区切ります。
? 検索語を「（スペース）-（マイナス）」で区切ることにより、NOT検索を行うことが可能です。

注意書きを参考に，次のOR検索，NOT検索を行ってみましょう．

| OR 検索例題 | 「梅 ｜ 桜」のように縦棒「｜」で区切ります． |
| NOT 検索例題 | 「東南アジア -経済」のように，含めたくない単語の前に「-」を付け加えます． |

2.5 新聞記事の活用

2.5.1 新聞情報の特徴

　新聞は，日々の出来事を知らせるメディアです．ニュース報道を中心に，日刊またはそれに近い頻度で刊行されています．また，書籍のように綴じられていない印刷物です．新聞の情報源としての特徴は，その時々の社会現象を記述している点です．歴史的事実の基礎的なデータとして利用することができます．また，記事には，5W1H（Who, When, Where, What, Why, How）が記録されており，写真が掲載されていることもあります．

2.5.2 原紙と縮刷版の利用

　本学の図書館で利用可能な新聞資料には2種類あります．

　一つめの資料は，「原紙」と呼ばれる新聞紙の媒体そのままの資料です．新聞社から配達される原紙と1ヵ月分を縮小印刷してまとめた縮刷版があります．主要な新聞社が発行する新聞のほか，「The Japan Times/ International NewYork Times」，「The Japan News」などの英語新聞があります．最新のものは1階新聞コーナーにあり，当月のものは1階カウンターに問い合わせます．過去2年分の新聞については，2階のカウンターで問い合わせをします．朝日新聞，日本経済新聞については，縮刷版も準備されています．過去2年分は2階の雑誌コーナーで閲覧でき，それ以上古いものについては，5号館地下の雑誌館に保管されています．古いものを調べる必要が出た場合には，まずカウンターに相談しましょう．

　二つめの資料は，データベースの形で収録された記事です．日本経済新聞（日経テレコン21），読売新聞（ヨミダス歴史館），朝日新聞（聞蔵II）等の日本の新聞と，一部の海外新聞記事検索ができます．図書館ホームページの「情報検索データベース」からアクセスします．データベース毎の利用案内をよく読んで，マナーを守って活用しましょう．

2.6 雑誌の活用

2.6.1 雑誌

　雑誌とは，「同じ誌名のもとで，無期限かつ継続的に刊行され，巻数や号数のつけられた出版物」のことを指します．雑誌は図書とは異なり，8桁の固有番号 ISSN（International Standard Serial Number: 国際標準逐次刊行物番号）で識別されます．雑誌というと，書店に並んでいる，週刊・月刊の冊子をイメージしがちですが，図書館

で雑誌という表現を使った場合は,「学術雑誌」(ジャーナル)と「一般雑誌」(マガジン)の2つのものを指しています. 私たちが普通に書店で目にする情報誌等は,一般雑誌に該当します.

2.6.2　学術雑誌(ジャーナル)とはなにか

　学術雑誌とは,「特に学術論文を掲載するもの,特定分野の研究,開発に関する最近の情報の伝達を行う雑誌」のことです. 学術雑誌は,専門の学術分野ごとに存在するため,種類は非常に多くなります.

　学術雑誌には,冊子体でのみ刊行されるもの,冊子体と電子ジャーナルの両方が刊行されるもの,電子ジャーナルのみが刊行されるものという3つの種類があります. 今日では,インターネット上で閲覧できる電子ジャーナルの普及が進んでいます.

2.6.3　蔵書の利用

　甲南大学図書館は,多岐にわたる冊子形式の一般雑誌・学術雑誌を保存しています. 雑誌は,図書館,5号館地下の雑誌館,各学部の共同図書室などに保存されています. 図書館では2階の雑誌コーナーに一般雑誌と学術雑誌が置いてあります. よく利用される一般雑誌の最新号は1階の雑誌コーナーにあります. 雑誌館では,前年度以前の雑誌のバックナンバーが保存されています. 雑誌館へは直接入館することはできません. 必要な雑誌を司書の方に持ってきてもらう形式で閲覧します. 5号館3階のサイバーライブラリで「雑誌閲覧票」に必要事項を記入すると,資料を持ってきてもらうことができます.

2.6.4　電子ジャーナル

　電子ジャーナルとは,インターネット上で電子的に提供される雑誌のことで,電子雑誌,オンライン雑誌,オンラインジャーナルなどとも呼ばれたりします. 電子ジャーナルは,印刷版と電子版双方を提供する,インターネット上でのみ刊行される,という2つのタイプに分けられます. 電子ジャーナルの利用者にとっての大きな特徴は,検索機能があることです. 検索項目(表題,目次,抄録,全文)や,検索のための様々な機能が提供されています. また,関連情報へのリンクが設定されているのも,大きな特徴です.

　電子ジャーナルは正規の出版社以外にも,学術団体の論文データベースや個人のホームページなどからも提供されていることがありますが,出版社や学術団体以外が提供している電子ジャーナルには情報の正確さが低いものも多いので,利用する時には

注意が必要です.

2.6.5　電子ジャーナルの利用とルール

　電子ジャーナルにアクセスするためには，まず，インターネット接続環境が必要です. 加えて，利用手続きやライセンスが必要になる場合がほとんどです. 甲南大学で利用できる電子ジャーナルは，図書館ホームページの「電子ジャーナルリスト」から検索できます. また電子ジャーナルには利用規定が存在するため，これに従った利用が求められます.

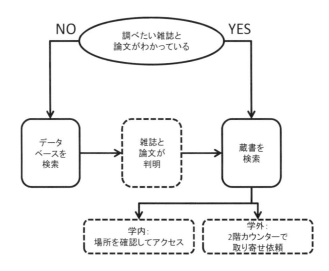

　電子ジャーナルを利用する際には，次の点に注意することが必要です. データベースと同じく，甲南大学の学生であるみなさんは，契約の下に利用を許されているだけです. 次の行為は厳しく禁じられていますので注意してください.
- 個人の研究・教育目的以外でのダウンロード・保存・プリントアウト
- 大量のダウンロード
- 人による操作を介さない，プログラム等を利用したダウンロード
- 内容のコピー，データの改編，再配布，転売，その他著作権を侵害する行為

契約違反があった 場合，大学全体の利用が停止されます. 注意点を厳守した上で，活用してください.

2.7　レファレンスサービス

　必要な情報を自分では探せなかった場合，データベースや電子ジャーナルの使い方が分からない場合などは，レファレンスサービスを利用できます. 専門的なスタッフ

によるサポートが提供されていることも，図書館の機能のひとつです．図書館2階の
ヘルプデスクで相談してください．

2.8　　参考文献・ホームページ

1.　甲南大学,「甲南大学　図書館」, https://www.konan-u.ac.jp/lib/,（参照 2020 年 3
　　月 12 日),
2.　木本幸子,「図書館で使える情報源と情報サービス」, 日外アソシエーツ, 2010.
3.　原田智子編,「現代図書館情報学シリーズ···7 情報サービス演習」,樹村房, 2012.

3. 電子メールの取扱い

3.1 　　電子メール配信のしくみ

　電子メール（e-mail）は，インターネットを経由してメッセージを送受信するしくみです．送信した電子メールは，宛先のパソコンやスマートフォンに直接届くわけではありません．相手に届くまでの間に，メールサーバと呼ばれるコンピュータをいくつか経由します．郵便物がいくつかの郵便局を経由して相手に届くのに似ています．

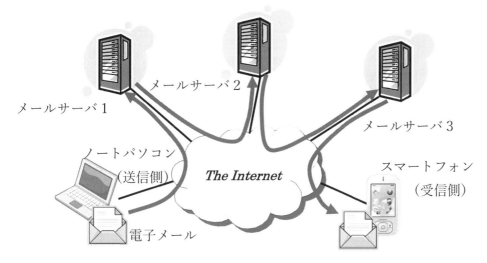

　電子メール本体は，件名や宛先のメールアドレスを含む「ヘッダ」と呼ばれる部分と「本文」とに分かれますが，いずれも暗号化されていない可読文字で表されています．はがきが誰でも読める状態で配達されるのと同様，電子メールも配信途中のメールサーバ上で誰かに読まれているのかもしれません．

3.2 　　電子メールツールの利用

　本学での電子メールのやりとりは，学内に設置したメールサーバを経由して長い間行われていました．2018 年度後期より，教員や学生を含む多くのユーザが Microsoft のクラウドサービスである Microsoft 365 の Outlook on the Web（以下，Outlook と略します）を使用してメールをやりとりしています．Outlook（on the Web）は，パソコン用のメールソフトウェアである Office の Outlook と同等の機能をクラウド上のサービスとして実現したものです．以下では，Outlook による電子メールの送受信方法などについて解説します．

3.2.1 　　Outlook へのサインイン

　Microsoft 365 のホームページを表示する方法については，「1.1.4 Microsoft 365」を参照してください．メールアドレスおよびパスワードは入学時に各自一つずつ割り当

てられていますので，ホームページが表示されたら，与えられたメールアドレスを最初に入力し，次へボタンをクリックしてください（下図参照）．次のページが表示されたらパスワードを入力し，サインインボタンをクリックしてサインインしてください．

3.2.2　メールアドレスとマイアカウントの確認

Outlook の画面は，下図のように縦に三分割されています．

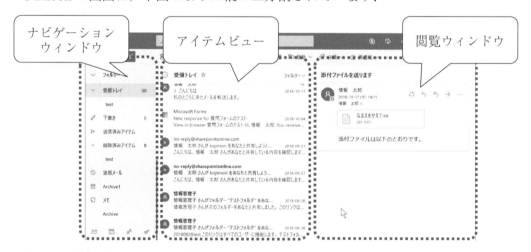

- ナビゲーションウィンドウ

  「受信トレイ」などのメールフォルダーのリストや，共有スペースである「グループ」などが表示されます．クリックして選択すると，右側のアイテムビューにその内容が表示されます．

- アイテムビュー

  ナビゲーションウィンドウで選択した「受信トレイ」などのメールフォルダーの内容がリストされます．

● 閲覧ウィンドウ

アイテムビューで選択した内容が表示されます．たとえば，「受信トレイ」でクリックしたメールの内容が表示されます．

画面の構成が確認できたら，まずはみなさんのメールアドレスと個人情報が正しく設定されているのかどうかについて確かめてみましょう．

まずは，画面右上のイニシャルが表示されたのボタンをクリックします．「アカウントを表示」をクリックすると，メールに設定されている氏名およびメールアドレス[1]が表示されます．間違っていないかどうか確認しておいてください．サインアウトしたい時は，イニシャルのボタンから表示されるメニューの サインアウト をクリックしてください．

_____

[1]甲南大学より与えられた電子メールアドレス等の設定は個人で変更することはできません．自分の電子メールアドレスを偽ったことにより，第三者になんらかの損害を与えるかもしれません．そういったことが原因で仮に訴訟が起こったとしても，甲南大学や甲南学園は責任を負えません．

3.2.3　電子メールの受信

　新たに自分宛てに届いたメールの一覧は，ナビゲーションウィンドウの「受信トレイ」をクリックすることによりアイテムビューに表示されます．「受信トレイ」の横には未読のメール数が数字で表示されます．

　既に読んでしまったメール，まだ読んでいないメールに関わらず，アイテムビューの読みたいメールをクリックすると，閲覧ウィンドウにそのメールの内容が表示されます．

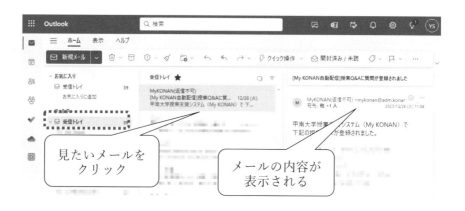

3.2.4　電子メールの送信

　Outlook では，ホームタブの 新規メール ボタンで送信メールを作成します．次の図のようなメール作成用のフレームが閲覧ウィンドウに表示されます．

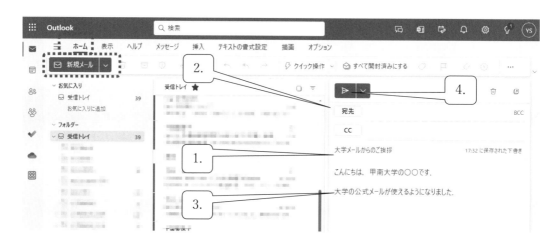

1. 「件名を追加」テキストボックスにマウスポインタを移動させクリックします．本文の内容にふさわしい簡潔な題を入力します．ただし，あまり簡素すぎると，いたずらのメールと誤認されてしまう可能性があるので，主旨が十分にわかるような件名としましょう．

2. 宛先 に送信先（相手）のメールアドレスを半角文字で記入するか，連絡先より入力します．

3. 件名の下にあるフレーム内にカーソルを移動し，本文を記入します．

4. 「宛先」と「本文の内容」に間違いがないかどうか繰り返し確認した後，送信ボタンをクリックします．

　送信した電子メールは相手に送られてしまい手元からなくなります[2]が，そのコピーが「送信済みアイテム」に残っています．

3.2.5　電子メールの宛先（To:, Cc:, Bcc:）の使い分け

　閲覧ウィンドウにおいて，宛先欄に送信先のメールアドレスを入力します．さらに追加したいメールアドレスがある場合には，その下の空いている欄にメールアドレスを入力します．このことを繰り返せば，複数の送信先（宛先）に同一内容のメールを送信できます．

　電子メールの便利な機能の一つに，電子メールのコピーを作成して宛先以外の第三者にも同じ内容のメールを送信する機能があります．宛先欄の下の CC （Carbon Copy の略）や BCC （Blind Carbon Copy の略）を選択しメールアドレスを入力すれば，第三者に送信することができます．

- CC
  送信メールには「CC」の送信先メールアドレスの情報が伴います．つまり，「宛先」である受信者は，自分以外にコピーの送信先があること，コピー送信先のアドレス（すなわち，誰に送っているのか）もわかります．
  また，コピー（CC）メールの受信者は「別のだれかに宛てられたメールの内容と同じものを受信した」と解釈します．この点において「宛先」の持つ意味と区別す

---

[2]電子メールを送信した後で「宛先」や「本文の内容」に間違いを発見した場合でも，既に送信してしまったメールの訂正はできません．本文中の間違いなどについては，「訂正」や「お詫び」のメールを送ることで対処できますが，「宛先」が間違っていた場合には対処不可能です．このことに留意し，送信ボタンをクリックする前に，「宛先」と「本文の内容」に間違いがないかどうか繰り返し確認を行ってください．

る必要があります.

- ● BCC

  「宛先」および「CC」の受信者には, ともに「BCC」の送信先が知らされません. つまり,「宛先」や「CC」の受信者に知られることなく送信者が第三者にコピーを送信したい場合, たとえば, 相互には知り合いではない複数の人にメールアドレスのプライバシーを守ってメールを送る, などといった場合にこれを使用します. Outlook では, BCC の入力ボックスは標準状態で非表示となっており, ボタンをクリックすると表示されます.

3.2.6　電子メールの全員に返信, 返信, 転送

電子メールの便利な点の一つは, 差出人に返事を出す場合, 受信したメールの内容を参照しながら返信を作成できることです.

1. ホームタブには,「返信」および「全員に返信」ボタンが用意されています.「全員に返信」ボタンを使うと, CC の宛先 (BCC には届きません) にも返信が届きます. 必要に応じてどちらかをクリックします.

2. 返信先などは届いたメールの情報をもとに自動的に入力され, あとは本文を入力するだけのウィンドウが開きます. 本文にも受信したメールの内容が自動で挿入されます.

3. 「新しいウィンドウで開く」ボタンをクリックすると, 別ウィンドウでこれから返信するメールの内容を確認できます.

4. メールの件名は,「Re: …」となっています (「Re:」は reply の略です).

5. 受信したメールの内容を編集しながら文章を追加して返信文を作成します.

6. 確認後, 送信ボタンをクリックすれば送信されます.

届いた電子メールを第三者へ転送するには，以下の操作を行います．

1. 「閲覧ウィンドウ」で対象メールを閲覧した状態で，ホームタブから右にある⤷（転送）ボタンをクリックします．
2. 宛先 に転送先のメールアドレスを入力してください．
3. 件名は「Fw: ...」となっています．「Fw:」は，転送を意味する forwarding の略です．
4. 必要に応じて本文に文章を追加しますが，水平に引かれた横線以下を修正してはいけません（転送メッセージの改竄にあたります）．
5. 確認後，送信ボタンをクリックすれば送信されます．

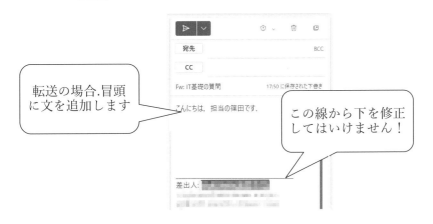

転送の場合,冒頭に文を追加します

この線から下を修正してはいけません！

3.2.7 添付ファイル付きメールの送受信

ここでは，（文字だけの）電子メールに Word や Excel など各種アプリケーションで作成したファイルを添付する方法について紹介します．なお，送信したいファイルはあらかじめ作成し，各自のフォルダに保存しておいてください．

1. 「3.2.4 電子メールの送信」と同様の手順で電子メールを作成した後，ホームタブ

から添付ファイルボタンをクリックし，「このコンピューターから選択」を選択してください．

2. 添付したいファイルを指定し開く（O）ボタンをクリックすると，添付ファイルが件名の下に表示されます．

3. 「宛先」，「件名」，「本文」，そして添付した「ファイル名」をもう一度確認し，送信ボタンをクリックしてください．

単にファイルを送りたいだけであっても，本文，件名等をきちんと入力するよう注意してください．以上の操作で，ファイルが添付されたメールが相手に送信されます[3]．

ファイルが添付された電子メールの受信は以下のようにして行います．

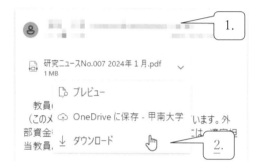

1. 通常と同じように，メールの内容を確認します．

2. 添付ファイルがある場合は，ファイル名の右端のボタンをクリックし「↓ダウンロード」を選択します．ファイルによっては「プレビュー」することもできます．

3. ダウンロードを選択すると，使っているブラウザの設定にもとづいてデータ保存が行われます．

Outlook の「連絡先」を送信時に用いれば，キーボードからメールアドレスを入力する手間を省くことができ，かつメールアドレスの間違いが起こりません．

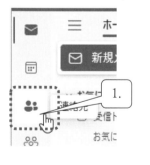

---

[3] たくさんの静止画や動画ファイルなどを添付したメールは，通信データ量が多くなるため，ネットワーク混雑の原因になります．

1. 左端にある「連絡先」ボタンをクリックしてください．
2. 「連絡先」が表示されるので，新しい連絡先ボタンをクリックします．
3. 「新しい連絡先」画面において，登録する相手の「姓」，「名」，「メールアドレス」等を入力します．
4. 保存ボタンをクリックしてください．

以上の操作でアドレス帳への登録は完了です．「個人用の連絡先」欄には登録された連絡先のリストが表示されます．

受信したメールを用いて，その差出人のメールアドレスをアドレス帳に登録することもできます．

1. 通常どおり，メールの内容を確認します．
2. メールが表示されているフレームにある，登録したい「メールアドレス」をクリックしてください．
3. ユーザ情報が表示されるので，一番下までスクロールします．表示された連絡先に追加ボタンをクリックしてください．

連絡先を登録しておくと，メールをより確実に相手に届けることができます．メールの送信先が連絡先に登録されている場合，「宛先」，「CC」，「BCC」などをクリックすると，連絡先に登録された人を選択するためのサブウィンドウが開きます．

1. 宛先 ，CC ，あるいは BCC ボタンをクリックします．
2. 「受信者を追加」ウィンドウが開きますので，「個人用の連絡先」欄にある名前の右横の「＋」をクリックします．
3. 送信先メールアドレスの追加が終ったら，保存ボタンを押します

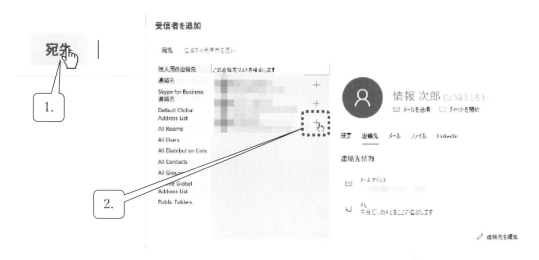

電子メールでは，一般的にメール本文の最後に「署名」（signature）と呼ばれる送信者の氏名，所属，メールアドレス，などの個人情報を記入します．送信メールを作成するたびに，いちいちこれらを記入することは面倒な作業となるので，以下の方法で署名を作成しておけば，いつでも送信者の「署名」として使用できます．

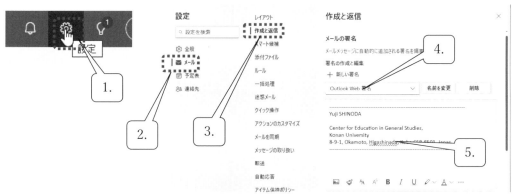

1. 画面右上の歯車のボタンをクリックします．
2. 表示されたメニューのメールの部分が選択されていることを確認します．
3. 「作成と返信」を選択します．
4. 署名の編集と書かれたボックスをクリックし，適切な名前を付けます．その下の署名の中身も入力しましょう．
5. 一度，右下の保存ボタンをクリックします．
6. 「既定の署名を選択」部分の新規メッセージ用，返信/転送用のセレクターに，先ほど名前を付けた署名が表示されたことを確認します．必要があれば調整してください．
7. すべて完了したら，右上の「×」ボタンでメニューを閉じます．

以上の設定により，送信メール作成時に「署名」が本文の最後に自動的に挿入されます．署名には，必要以上の個人情報を記載してはいけません．学籍番号や携帯電話の番号，自宅の住所などは記載しないようにしましょう．

3.3　参考文献

1.　（株）インサイトイメージ＆できるシリーズ編集部,「できる Office 365」，インプレス，2016.

4. インターネットのしくみ

インターネットは，郵便，電話網に次ぐ人類史上最大級のコミュニケーション・ネットワークとして発展してきており，世界的に広がるコンピュータネットワークの集合体を表します．インターネットを一元的に管理する政府や特定の機関はなく，多くの任意団体によって運営されています．ネットワークどうしの接続（広義のインターネット）と区別して，この「集合体」そのものを強調する場合，英語では「the Internet」（狭義のインターネット）と固有名詞で表記します．

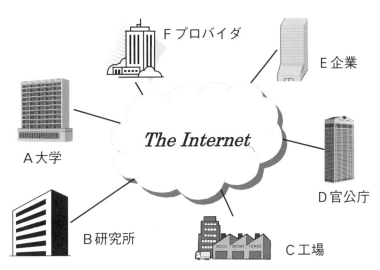

　その詳しいなりたちは，「5. ネットワークと社会」に記載しますが，1960 年代後半に米国国防総省（DoD）の一部局である国防高等研究計画局（DARPA）の支援を受けて始まった当初のインターネット（ARPANET）は，2017 年には，以下のグラフに見られるように，先進国の人口の約 8 割がインターネットユーザとなるまでに成長しました．

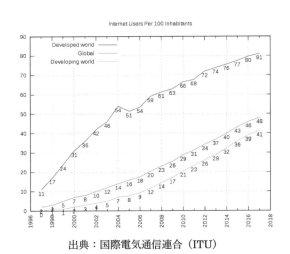

出典：国際電気通信連合（ITU）

上のグラフは 1997 年から始まっていますが，インターネットユーザ数の増加が右肩上がりになった主な要因は，1990 年に欧州原子核研究機構（CERN）のティム・バーナーズ＝リーにより開発され，誰でもが容易にインターネット上の情報にアクセスすることのできるしくみ WWW（World Wide Web）の登場，および 1995 年に製品化されインターネットアクセスを標準機能として搭載した Microsoft 社のオペレーティングシステム Windows 95（およびそれ以降のバージョン）であると言えます．

4.1　　様々なネットワークサービス

インターネットに接続することにより，通信相手さえ分かっていれば，国境を超え，世界中にある膨大な数のコンピュータ一つ一つにつなぐことができます．コンピュータの種別も，パソコン，スマートフォン，タブレット，ゲーム機器，サーバコンピュータなど，ハードウェアやソフトウェアが違っていても，インターネットプロトコル[4]（TCP/IP）さえ導入できれば，お互いが問題なくつながるようなしくみになっています．

インターネット上で実現できるいろいろなサービスが今日まで提供されたおかげで，人類はインターネットから様々な恩恵を得ることができました．良く知られているものも含め，いくつか挙げてみます．

● 電子メール

　インターネットが発達する以前は，サービスを提供する会社（プロバイダ）ごとに別々のしくみで運営されていました．したがって，プロバイダを超えてメールを受け渡しすることができませんでした．インターネットのおかげで，ケータイ，スマートフォン，パソコンを含め様々なものの間でメールのやりとりができるようになり，（急ぎでない）用件を伝えるのに便利なサービスとなりました．

　特に，電話のように相手の都合や時間帯，あるいは国境などを気にする必要がなくなり，誰でもが手軽に用件を伝えることのできるツールとして使用できるようになりました．

● WWW

　いわゆる「ホームページ」を実現するサービスですが，「WWW ページ」もしくは「Web ページ」という呼称のほうがより正確な言い回しです．

　従来は，個人が社会生活を送る上での様々な情報を得たり，あるいは各種の手

---

[4] コンピュータどうしがデータ通信する際のやりとりに関する取り決めのことを，プロトコル（protocol）と言います．

続きを行ったりするのに，人と人とのコネクションに頼らねばなりませんでしたし，自分の足で稼がねば解決できない問題も多々ありました．

　Webページの登場とブロードバンド・インターネット接続の家庭への普及により，まだ完璧とは言えませんが，家にいながらにして自分自身でこれらのことがある程度までできるようになりました．

● ビデオ視聴

　インターネットの通信が高速化されたおかげで，高精細なビデオ映像をリアルタイムにやりとりできるようになりました．「みんなで簡単にビデオ映像を共有する」というコンセプトで始まったYouTubeは，著作権問題はあるものの手軽に動画を利用できることから，今では選挙の際の政見放送や不正の告発など，実益を伴う利用も行われています．その他，リアルタイムにビデオ動画をストリーミング配信するサービスも一般化し，実況中継などにも利用されています．

● メッセージング（チャット）

　家庭内や同じ趣味を持つ人たち，あるいは企業活動におけるミーティングなど，主にリアルタイムに文字情報を交換するサービスです．その実現手段も様々で，携帯電話やスマートフォン上のアプリ，WWWで提供されるブログ（weblogの略称）上の一機能，ビデオ通話機器の補助機能などがあります．

● 電話・ビデオ電話

　お互いの様子を見ながら通話ができるサービスとしては，十数年ほど前よりSkypeがサービスを始めています．これは，後述するIPネットワーク上で音声や画像をやりとりするもので，VoIP（Voice on IP）とよばれる技術を用いています．2020年から始まったCOVID-19パンデミックにより，昨今はビデオ会議システムZoomが一般に使用されるようになってきました．

● ファイル転送

　個人で楽しむ音楽データから企業や官公庁の書類まで，様々なファイルがインターネット上を行き交いするようになりました．その際に使用されるのが，ファイル転送サービスです．

● SNS（ソーシャルネットワークサービス）

　上述の様々なサービスをくみあわせ，インターネット上で社会的なつながりを構成するサービスです．特定メンバーがアクセス可能なWebページを構築するタイプ，グループ内のメッセージングに特化したタイプ，画像の投稿と共有に特化したタイプなど，様々なSNSがインターネット上で運営されています．

4.2　クラウドコンピューティング

　従来のコンピュータ・システムは，自前で構築する必要があり，構築費用も膨れ上がる傾向にありました．これに対し，クラウドコンピューティングでは，利用者はインターネットの向こう側からサービスを受け，サービス利用料金を払う形態の利用となり，自前の情報システムを持たなくとも良くなった結果，経費も軽減されました．

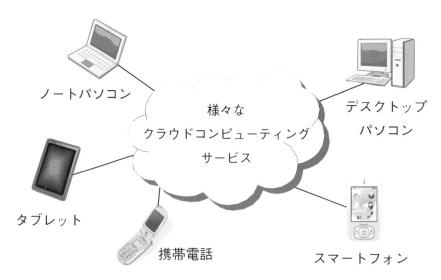

　利用者が用意すべきものは最低限の情報端末（パソコンやスマートフォンなど），その上で動く Web ブラウザ，インターネット接続環境のみであり，（サーバ）コンピュータ本体の導入費用，売上げデータ処理や運用管理費用の大半が不要となるメリットがあります．

　反面，クラウドサービスを提供する側の倒産やサービス終了などがあった場合，サービスが利用できなくなれば，利用する企業の経営も停止する恐れがあります．

　クラウドコンピューティングという言葉は，様々な団体や個人のネットワークがつながった構造を持つインターネットを表すのに，もともと雲（cloud）の絵を描いていたことに始まります．Google の CEO であるエリック・シュミットが，2006 年に米国で開催された「検索エンジン戦略会議」の中で「クラウドコンピューティング」と表現したのが始まりとされます．

4.3　ネットワークサービスのしくみ

　電話をかけるのと同様，インターネットで接続するということは接続する相手がいるということです．インターネットは，基本的にコンピュータどうしの接続を前提に設計されているので，接続先は当然のことながらコンピュータです．前述のようなネ

ットワークサービスは，ネットワーク接続を行うことにより利用することができます.

　ネットワークサービスには二つの提供手段があります．一つは「クライアント・サーバ」（C/S）モデルで，もう一つは「ピア・トゥ・ピア」（P2P）モデルです.

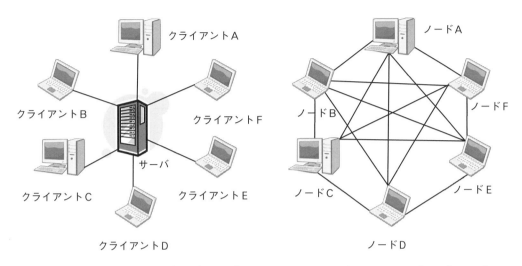

クライアント・サーバ（C/S）モデル　　　ピア・トゥ・ピア（P2P）モデル

　C/S モデルでは，クライアントがサーバに接続しサーバが提供するサービスを受けるしくみになっています．通常，サーバは常時稼働させインターネットに接続しておいて，クライアント側からの接続をいつでも受けられるようにしてあります．C/S モデルの欠点は，クライアントの数が増えるにしたがって，サーバの負荷が増えてしまうところにあります．負荷を分散するため，サーバを複数台用意して対応しなければならない状況も往々にして発生します.

　これに対し，P2P モデルではノードどうしが対等な役割を持ちます．Skype のビデオ通話など，インターネットの通信データ量が多いサービスに適します．昨今，インターネット上での仮想通貨のやりとりが注目を集めていますが，仮想通貨データベースであるブロックチェーン（blockchain）も P2P モデルにより動作しています．このモデルの欠点は，相手のコンピュータを探すのが難しい点にあります．そこで，どのコンピュータが現在接続中なのかを記録しておくデータベースを別途用意することが必要になってきます.

4.4　パケット通信

　インターネットにおける通信では，通信データを細切れにして**パケット**（packet）という単位で送受信します．パケットとは英語で小包の意味です.

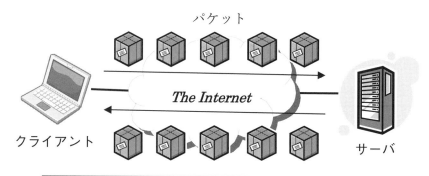

パケット

The Internet

クライアント　　　　　　　　　　　　　　　サーバ

通信データをパケット単位に分け，細切れにして送受信

　なぜ，データをパケットという単位に分けなければいけないのかを考えてみましょ
う．たとえば，ビデオ配信サービスにより映画を観ているとすると，数十分の間ビデオ
データがサーバからクライアントに送信し続けられます．ビデオデータをパケットの
ように細切れにしておかないと，映画を鑑賞している間中，インターネット（の一部）
をずっと専有してしまい，他の人がインターネットを使用できなくなります．多数の
利用者がいるインターネットでは，このようなことは許されません[5].

4.5　IP アドレス

　インターネット上のどのようなサービスにおいても，コンピュータどうしが一対一
で通信しあうことに変わりはありません．相手のコンピュータを識別するのに，電話
のような番号を付けます．これを，**IP アドレス**（IP は Internet Protocol の略）と言
います．

The Internet

クライアント　　　　　　　　　　　　　　　サーバ
A.B.C.D　　　　　　　　　　　　　　　　　base2
　　　　　　　　　　　　　　　　　　　　160.247.5.111

　IP アドレス（IPv4）は，二進数 32 ビットの単なる番号ですが，読みやすいように 8
ビットごとにドット「.」で区切って十進数で表します．たとえば，情報システム室に

---

5 このような事情は，多数の携帯電話がぶら下がる移動体通信網でも同様です．

は base2 という名前（ホスト名）を持ったサーバコンピュータがありますが，160.247.5.111 という IP アドレスを持っています．

昨今，インターネットに接続されているコンピュータの数が膨大になり，32 ビットの IP アドレスでは数が足らなくなってしまいました．この問題は「IP アドレス枯渇問題」と呼ばれ，現在様々な対策がとられています．根本的な解決策としては，IPv6 への移行しかありません．IPv6 では二進数 128 ビットでアドレスを表しますので，宇宙全体のコンピュータをインターネットにつないでも，アドレスが枯渇することはまずないと（大げさに）言われています．

4.6　インターネットドメイン

さて，IP アドレスが電話番号のようなものだと分かったところで，アドレス帳や連絡先のようなしくみがあると便利なことに気づくはずです．コンピュータ間の通信処理にとって都合のよい「IP アドレス」に対し，人間にとって判りやすいのはコンピュータそれぞれに付いている名前である「ホスト名」です．しかし，同じホスト名のコンピュータはインターネット上にたくさんあることが想定されるので，個人のアドレス帳ならともかく，インターネット全体で管理する「名前」としてはふさわしくありません．

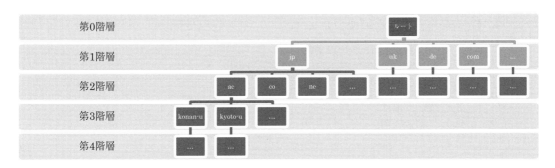

そこで，個人の住所に相当するインターネット上の住所を表すのに**ドメイン**（domain）という概念が用いられます．インターネットは，いくつものドメインから成りたっています（上の図はドメインの階層構造を表しているだけで，もっとたくさんのドメインがあります）．たとえば，日本は一つのドメインになっていて，「jp」という名前（ドメイン名）が割り当てられています．その他の国にも 2 文字からなるドメイン名があり，例えば，以下のようなドメイン名になっています．

jp　日本

uk　イギリス

fr　　フランス

de　　ドイツ

ca　　カナダ

au　　オーストラリア

インターネットを始めた米国だけは特別で，国を表すドメイン名はなく，大学関係組織を表す「edu」，企業関係を表す「com」などのドメイン名からいきなり始まります．

日本を表す「jp」ドメインの下には，さらに以下のようなドメインがあります．

ac　　　　大学・研究機関（academic）

co　　　　企業（commercial または company）

ne　　　　ネットワークサービス提供組織（プロバイダ等）

go　　　　政府関係組織（government）

or　　　　登記された非営利団体（organization）

地域型　　都道府県・政令指定都市・市町村等（例：city.kobe.jp）

甲南大学は，大学・研究機関を表す「ac」ドメイン配下にいます．甲南大学を表すドメイン名は「konan-u」です．

さて，ここで甲南大学のドメインをどのように表すのか見ておきましょう．すなわち，「日本ドメイン」内の，「大学・研究機関ドメイン」内の，「甲南大学ドメイン」は，

konan-u.ac.jp

のようにドット「.」でつないで表します．

lit　　　　文学部

phys　　　理工学部物理学科

chem　　　〃機能分子化学科

bio　　　　〃生物学科

eco　　　　経済学部

law　　　　法学部

iadm　　　経営学部

ii　　　　　知能情報学部

cube　　　マネジメント創造学部

first　　　フロンティアサイエンス学部

lib　　　　図書館

ipc　　　　情報システム室

s　　　　　学生用

甲南大学内にも，理工学部，法学部，…のような組織がありますので，学部学科単位

に上表のようなドメインを設けています．理工学部（旧理学部）に関しては早くからネットワークの利用がありましたので，学科単位のドメイン構成となっています．

　甲南大学ドメイン（konan-u.ac.jp）のネットワーク上には，さまざまなコンピュータやネットワーク機器がつながっています．これらのコンピュータやネットワーク機器を識別できるよう，それぞれにホスト名がついています．たとえば，「base2」というホスト名を持つコンピュータは「ipc」ドメイン配下にありますので，これをドメイン名で表すと，

base2.ipc.konan-u.ac.jp

となります．このように，ドメイン階層

jp→ac→konan-u→ipc

と，ホスト名「base2」をすべてドット「.」でつなぐことにより，世界で1つしかない名前（ドメイン名）となります．

　ドメイン名と IP アドレスを対応づけるアドレス帳に相当するシステムのことをDNS（Domain Name System）といいます．DNS を用いないコンピュータでは，hostsというファイルにこれらの対応を記録しています．

4.7　WWW のしくみ

　CERN で開発された WWW（World Wide Web）は，米国イリノイ大学の NCSA（National Center for Supercomputing Activities）で機能エンハンスが行われ現在に至っています．最近では，Google 社，Mozilla コミュニティ，Microsoft 社などを中心として開発が行われ，より多様な機能拡張を行ったマルチメディア情報ブラウザとして用いられるようになってきています．

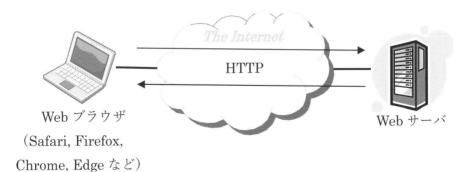

　WWW のしくみについて，その概略を図に示します．クライアント側では Web ブラウザ（Edge, Firefox など）を使用して画像等を含む Web ページの表示を行ないます．目的の Web サーバに接続すると，続いてサーバより Web ページを表示するために必

要な文章，静止画，動画，音声等がブラウザに取りこまれ表示されます．

　これらのページ素材のやりとりは，HTTP（Hyper-Text Transfer Protocol）に基づいて行われています．

　Web ブラウザが組み立てようとしている Web ページの画面は，HTML（Hyper-Text Markup Language）という言語で記述されていて，その文書中に画像や音声を埋め込むことができるようになっています．文書中に埋め込まれているといっても，実際には画像や音声の在りかを示す URL（Uniform Resource Locator）情報が埋め込まれている（言いかえれば，対応する画像や音声へのリンクが張られている）だけです．

　Web ブラウザはこの URL をもとに Web サーバにインターネット経由で接続し，素材を送信するよう Web サーバに指示を出します．

　指示を受けた Web サーバは，サーバ内にある画像，音声，あるいは文章などのデータをブラウザに送信します．Web ブラウザは，Web サーバから送られてきたものを取り込み，HTML に記述されているフォーマットにしたがって表示／出力するようになっています．

　URL は，接続するプロトコルを示す「http:」，接続先の Web サーバを示す「ドメイン名」，Web サーバ上のどこに目的のホームページがあるのかを示す「パス名」が連なったものとなっています（次の図を参照してください）．mailto:の付いた URL は，ホームページ上に埋め込んでおいて，クリックした時にそのメールアドレスに電子メールを送るツールを起動するためのものです．

```
http://www.konan-u.ac.jp/kenkyu/buturi/cosmos/index.htm
接続するプロトコル   接続先ドメイン名          ホームページのありかを示すパス名
(http:、ftp: など)    あるいは
                     ドメイン名；ポート番号

mailto:hatogai@konan-u.ac.jp
送信先のメールアドレス
```

4.8　　情報検索の方法

　アクセスしたい Web ページのアドレス（URL）が判っている場合には，前述した通り，URL をキーボード入力して Enter キーを押すだけで問題ありません．一方，Web ページのアドレスが不明の場合でも，Google や Yahoo!などの「サーチエンジン」と呼ばれるページにまずアクセスし，キーワードを入力して検索すれば見つけだすことが

できるかもしれません.

　最近のブラウザでは，URL 入力と検索キーワード入力が一つのテキストボックスに統一されています．　URL 入力と検索キーワード入力の違いがよくわからなくても，Web の利用ができるようになり，便利になった面もあれば，トラブルの元になる面もあります.

　ボックスに文字列を入力して移動ボタンをクリックする操作は同じですが，入力されたものが URL かそうでないかで動作は全く異なっています. ここでは, 実際に URL と文字列を入力してその振る舞いの違いを確認することにしましょう.

URL に直接アクセス

1. ブラウザのアドレスバーに http から始まる URL を入力します．ここでは, http://www.konan-u.ac.jp と入力してみましょう.

2. 全て半角文字で適切に入力すると，アクセス先として認識され，直接サイトに接続されます.

3. 入力されたものが URL でない場合は，直接アクセスはされず，検索のみが行われます．練習として, 「甲南大学 図書館」（間はスペース）と入力してみましょう.

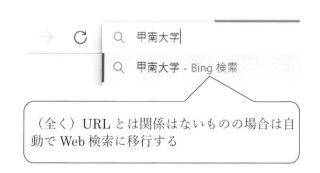

（全く）URL とは関係はないものの場合は自動で Web 検索に移行する

　URL を入力してエンターキーを押した場合は，その URL が示すサイトに直接移動します．最初の入力例では，甲南大学の URL (http://www.konan-u.ac.jp/) を入力したため本学のホームページが表示されています．ただし，昨今は HTTP による通信をより安全に（セキュアに）行うためのプロトコル HTTPS (Hypertext Transfer Protocol Secure) が一般化しており，URL も「https://www.konan-u.ac.jp/」となっています.

　一方，URL ではない文字列を入力した場合は，設定に基づき検索エンジンで検索された結果が表示されています．URL のつもりで入力しても，構文に間違いがある場合は URL として認識されず, 検索エンジンの処理結果が表示されてしまうこともあります.

4.9　Google 検索サイトのしくみ

Google での解説 [1]に基づき，Google での検索サイトが機能するしくみについて概説します．なお，Google のサイトは以下のようにして表示します．

Google で検索してアクセスする

1. アドレスバーに Google と入力します.
2. Google は URL ではないので，検索が行われ，Google の Web ページがリンクとして表示されます.
3. アクセスすると，左のような画面が表示されます.

1.　Web ページの探索

　検索処理は，Web クローラまたはスパイダーと呼ばれるソフトウェア（ボット）を使い，検索結果に表示するための Web ページをあらかじめ探索し，データセンタのデータベースに蓄積しておきます．すなわち，Web ページやリンク先についての 1 億 GB を超えるインデックスを，1 日あたり数十億ページ程度探索することにより作成しておきます．

2.　検索キーワードの入力

　検索キーワードの入力が始まると同時に，求められている情報の検索を開始します6.

　各地のデータセンタから検索結果が返されるまで，検索キーワードは世界中のさまざまなデータセンタを経由します．Google の統計では，インターネット上を平均 2400km もの距離を移動しています．

3.　検索結果のランキング

　200 を超える検索要素に基づき，何百万以上の Web ページやコンテンツから，検索キーワードと最も関連性の高いページが選び出されます．

検索要素の例:

- Web サイトのコンテンツの更新時期や頻度
- 特定の Web サイトにリンクしている他のサイトの数など
- 検索キーワードの同義語の有無
- Web サイト上のコンテンツの質（意味をなしている説明かどうかなど）

---

6 Google インスタント検索により，Enter キーを押す前のキーワード入力中に検索結果の表示が開始されることがあります.

- Web ページの URL とタイトル

4. 検索結果

　検索結果は, 関連性の高い順に表示されます. 検索結果の右側の矢印にマウスポインタを合わせることにより, リンク先 Web ページのプレビュー画面も確認できます.

4.9.1　基本的な検索（キーワード検索）

1. 調査対象の名前, 場所などの, 単語の入力

　「白馬岳」,「カレー　レシピ」など

2. より具体的な語句の追加

　たとえば, 愛犬のしつけについて調べたくなり, 最初の検索で「犬」と入力したとします. しかし, あまりにも検索結果が多すぎたので「犬　しつけ」と単語を増やしましたが, やはり目的にふさわしいサイトが見つからなかったとします. そこで, より具体的に「柴犬　しつけ　教室」などとした結果, 詳しい解説のあるサイトにたどり着きました.

　検索キーワードとして何が適切かは, 何回か語句を変えて検索し, 試してみるしかありません. キーワードによっては, 検索結果がゼロだったり, 逆に関係のないサイトのリストが多すぎて目的のサイトが見つからなかったりすることもあります.

3. インターネット上でよく使われていると思われる語句をキーワードにする

　たとえば, インフルエンザやコロナウイルスにかかった際の処方箋について知りたい場合, それらの語句をそのまま入力する方法と,「風邪」という語句と組み合わせて使う方法も考えられます.「風邪」などの一般的な語句は, 情報提供を目的とした Web サイトで使用されている可能性の高いキーワードです. このようなキーワードを使うことによって, 探している情報にたどり着く可能性がより高まります.

4. 文章ではなく語句を用いる

　検索においては, 一般的にキーワードを含む Web ページをデータベースから見つけ出す処理を行います. 文章からキーワードを拾いだすのが面倒くさくて, 対象となる文章をそのまま単純にコピーし張り付け, 検索にかけたりしていませんか. この場合, 検索結果がうまく出てこない可能性が高くなります.

　文章のすべての語句が検索キーワードとして使用されるので, 語句が多すぎると検索結果を限定してしまうことになります.「半熟たまごの茹で時間は何分でしょうか。」よりは「半熟たまご　茹で　時間」としたほうがより良い検索結果が得られるでしょう.

4.9.2　検索演算子の活用

上述の基本的なキーワード検索法でもうまく検索できない場合，検索演算子を試してみることができます．表示されている検索結果にさらに条件を加えて検索するには，演算子を Google 検索ボックスの検索キーワードに追加します．

演算子を覚えたくない人は，「クイック設定」ボタンをクリックし，「検索オプション」ページの「検索するキーワード」を使えば，同様の検索が可能です．

1.　完全に一致する語句を検索する（"検索キーワード"）

英語の歌詞やその和訳などが載っている Web ページを探したい場合，歌詞に完全に一致する語句を検索したくなります．英語のように文章に空白文字が含まれる場合，検索キーワードを引用符（"）で囲みます．

　「"speaking words of wisdom"」

2.　特定の語句を除外する（-検索キーワード）

特定の語句を検索結果から除外するには，その語句の前にダッシュ（-）を追加します．このオプションは，同音異義語（たとえば，自動車のサンダーバードと JR 特急列車のサンダーバードを除きたい場合）のうちいずれかに限定して検索したい場合など，便利に利用できます．

　「サンダーバード -メール」と「サンダーバード」とを比べてみてください．

3.　OR 検索（検索キーワード OR 検索キーワード）

いくつかのキーワードのうちどちらかを含む Web ページを検索したい場合，語句の間に OR（大文字）を含めます．OR を指定しない場合（すなわち，通常は AND 検索となる），キーワードのすべてが含まれるページのみが表示されます．

　「オリンピック　場所　2010 OR 2014」

4.　数値範囲を検索する（数値..数値）

日付，価格，測定値など，一定の範囲の数値を対象に検索するには，2 つのピリオド（..）で数値を区切ります．

　「カメラ　50000 円..100000 円」

最大値もしくは最小値のどちらかのみで良い場合，1 つの数値のみを指定すればうまくいきます．

　「ワールドベースボール　優勝国　..2010」

5.　サイト内またはドメイン内を検索する（site:検索キーワード）

たとえば，甲南大学サイトの「センター」に言及したすべての Web ページ，というように単一のサイト内での情報を検索するには「site:」を追加します．

「センター site:konan-u.ac.jp」

　検索する国を限定する目的で,「.jp」など国のトップレベルドメイン名のみを指定して検索することもできます.

　また, 次の2つの検索演算子は, Google検索でははっきりと効果を見ることができない場合がありますが, 検索エンジンに対してリクエストを出す方法として是非覚えておきましょう.

6. ワイルドカード検索（検索キーワード * 検索キーワード）

　たとえば, キーワードの前後の語句は覚えているのに途中の語句を忘れてしまった場合など, 不明な語句を「ワイルドカード」として指定することができます. 検索キーワード内の不明な部分をアスタリスク（*）で表します. その語句のバリエーションについて検索したい場合など, 全体を引用符で囲んだほうが良い検索結果が得られる場合もあります.

「"坊さんが*をこいた"」

7. 類似するキーワードを含める（~検索キーワード）

　通常のGoogle検索でも, 元の検索キーワードの一部が同義語で置き換えられることがあります. さらに多くの同義語を検索キーワードにするには, その語句の直前にチルダ記号（~）を追加します.

　たとえば,「食べ物 ~成分」を検索キーワードにすると,「栄養成分」の検索結果も含めることができます.

4.9.3　検索条件の設定と変更

　Google の検索結果が表示された状態で,「クイック設定」やツールボタンをクリックすると, いろいろな追加の条件を設定できます. 特に, クイック設定ボタンから検索オプションを選択すると, 前節で紹介したキーワード設定に加えて, 次のような項目についても検索リクエストに加えた詳細検索を行うことができます.

- 言語:
  検索対象ページの言語をプルダウンメニューから選択します.
- 地域:
  指定した国や地域に属するページのみを検索対象にします.
- 最終更新:
  Web ページの更新日時が指定した範囲内にあるものを検索結果に表示します.
  「24時間以内」の条件は, 最新記事を検索する際に便利です.

- サイトまたはドメイン:

  検索範囲として，特定のサイト（wikipedia.org など）を指定したり，あるいはトップドメイン（.jp, .uk, .de など）を指定したりして，検索対象の国を限定できます．

- 検索対象の範囲:

  検索対象として，「ページすべて」，ページの「タイトル」，「本文」，「URL」，目的のページへの「リンク」のいずれかを指定することができ，検索対象を限定することができます．

- セーフサーチ:

  どの程度までの性的（アダルト）コンテンツをフィルタリングの対象とするのかを指定します．

- ファイル形式

  ファイル形式を指定することで，Web ページ以外の PDF，PowerPoint，Word などの文書のみを検索できます．

- ライセンス:

  検索結果の Web ページに関するライセンス形式を限定できます．自由に引用や転載ができる情報を探す際に，便利に利用できます．

4.9.4　さまざまな情報サイトの活用

　インターネットでの情報収集を，検索エンジンである Google や Yahoo!に限定する必要はありません．情報データベース，新聞社，出版社やテレビ局の情報検索サイト，果ては海外のシソーラスなど様々な情報検索サイトが利用できます．

　複数の検索サイトを横断的に利用する際には，次の図のような「メタサーチ」サイト

が便利です．複数の検索エンジンや検索サイトに対して一括で検索を行うことが可能です．「メタサーチ」「メタ検索」といったキーワードで検索し，表示された「メタサーチ」サイトから，検索目的にあった検索エンジンを見つけ出して検索してみてください．

4.10　情報の活用と著作権

インターネット環境の整った今日において，レポートや論文作成に WWW を利用しない手はありません．ここでは，書籍や新聞等ではなく主にインターネットにある情報をどのように活用していけば良いのか，そして活用する際に著作権などについてどのように配慮しなければならないのかについて説明します．

4.10.1　引用と転載の違い

著作権について文化庁が分かりやすくまとめた「著作権テキスト　～　初めて学ぶ人のために　～　平成 30 年度 5 月版」[2]によると，引用を含め他人の主張や資料等を「複製」する場合は，著作権法上，**著作権者の事前の許可**が必要です．ただし，著作権者に断らなくてもよい**引用の条件**があり，以下のようになっています．

1. 既に公表されている著作物であること
2. 「公正な慣行」に合致すること
3. 報道，批評，研究などの引用の目的上「正当な範囲内」であること
4. 引用部分とそれ以外の部分の「主従関係」が明確であること
5. カギ括弧などにより「引用部分」が明確になっていること
6. 引用を行う「必然性」があること
7. 「出所の明示」が必要（コピー以外はその慣行があるとき）

大学での情報利活用の観点から特に重要である項目は，4., 5., および 7.だと考えられます．

他人が作った Web ページ等からの引用が認められるのは，レポートなど大半が自筆の文章のごく一部に引用した場合であって，大半を他からコピー（コピペ）しておいて最後の数行のみ自分の考え方を述べているようなレポートは，引用とは認められず**無断転載**にあたります．

引用にあたっては，引用箇所を明確化する必要があります．括弧（「」）などで引用部分を囲うか，もしくは，引用を独立した段落として記述し前後一行ずつ開けるかのどちらかの対応が必要です．

さらに，引用元の文献や Web ページの出所（出典とも言います）をまとめておく必要があります．最後に「引用文献」リストなどとしてまとめた場合は，文中との明確な対応づけが必要です．

4.10.2　参考文献や引用文献リストの作成

文献リストのフォーマット（書き方）は，理系，文系，社会系，さらには論文等の提出先の団体により様々です．しかしながら，記述すべき項目はどのフォーマットでもほぼ同じです．並べ方も様々ですが，日本の文献だけの場合は五十音順に並べ，海外の文献も混ざっているときは，アルファベット順に並べることが多いようです．論文内の出現順にまとめることもあります．引用先が Web ページであるときは，最後に「URL」と「アクセス 年月日」をつけます．これらが欠けると，後からその情報を確認することができなくなり，リストをつけた意義が失われてしまいます．

書籍を含めた参考文献の書き方は，本テキスト「2. 図書館とその情報環境の利用」にある「2.3 情報の利用と著作権」を確認しておきましょう．この節では，表の中でWeb 書式例を次の形で示しています．

「Web ページのタイトル」，Web サイト名，URL，（参照日付）

本章の末尾の引用文献リストは，この書式にしたがって書かれています．他にも様々な書式が存在しますが，最低限，この 4 つの情報は含める必要があると覚えておきましょう．

4.10.3　Wikipedia の閲覧と著作権情報の確認

昨今，学習したいキーワードを入力して検索をかけると，検索結果の上位にWikipedia（https://ja.wikipedia.org/）がヒットすることが多くなりました．

Wikipedia は「フリー百科事典」として，様々なジャンルの 100 万を超える記事が掲載されており，検索テキストボックスに調べたい用語を入力して検索するだけで解説が迅速に表示されます．解説は，その分野の専門家が記述していることが多く，検索時点での最新情報を知ることができます．その点では書籍の百科事典よりかなり優れています．一方では，間違いやあいまいな記述も結構多く見つかりますので，解説内容を 100%信用しないほうが良いこともあります．

手軽に専門知識を得ることができるので，記事の信憑性を横に置いておくならば，レポートや論文作成の際に活用できますが，引用や転載ははたして可能なのでしょうか．解説文[3, 4]のライセンスは，「クリエイティブ・コモンズ 表示-継承 3.0 非移植」に従うことになっています（画像等については，Wikipedia 上でその都度確認するようにしてください）．その概要を次に示します．

あなたは以下の条件に従う場合に限り、自由に
- 本作品を複製、頒布、展示、実演することができます。
- 二次的著作物を作成することができます。

あなたの従うべき条件は以下の通りです。
- 表示 — あなたは原著作者のクレジットを表示しなければなりません。
- 継承 — もしあなたがこの作品を変形や改変したり、この作品に基づいた作品を作る場合、あなたは全く同じか、同一もしくは互換性のある許諾条件でその作品を頒布しなければなりません。

以下については必ず理解しておいてください。
- 放棄 — 著作権者は、上記のいかなる条件でも放棄できます
- 他の権利 — 以下の権利は、このライセンスによって影響されることは決してありません。
  - あなたの、フェア・ディーリングまたはフェア・ユースの権利
  - 著作者の、著作者人格権
  - 他の人の、人格権やプライバシー権などその作品自身や作品の使われ方に関する権利
- 注意 — 再利用や頒布にあたっては、この作品の使用許諾条件を他の人々に明らかにしなければなりません。

基本的に，引用や転載は可能ですが，出典の明示が必要です．ルールを守って，適切に利用しなければなりません．

4.10.4　新聞社サイト（Asahi.com）の閲覧と著作権情報の確認

　Wikipedia は記事を最大限利用することを念頭においているので，比較的ゆるやかなライセンス条項となっていますが，一般の Web サイトでは記事の引用や転載について相当厳しい条項が載っています．一例として，「朝日新聞デジタル」サイト（https://www.asahi.com/）の著作権条項について確認してみます[5]．

著作権について

　朝日新聞デジタルに掲載している記事・写真・イラスト・動画などの著作物は、日本の著作権法及びベルヌ条約などの国際条約により、著作権の保護を受けています。

　朝日新聞デジタルの各種サービスをその利用規約等で定める範囲内でご利用いただく場合や、著作権者の許諾なく著作物を利用することが法的に認められる場合を除き、無断で複製、公衆送信、翻案、配布等の利用をすることはできません。また、利用が認められる場合でも、著作者の意に反した変更、削除はできません。記事を要約して利用することも、原則として著作権者の許諾が必要です。

記事や写真を転載・利用する場合のご案内

　朝日新聞社や朝日新聞出版の著作物（朝日新聞デジタル等のウェブサイトや朝日新聞、雑誌、書籍等の出版物に掲載された記事・写真・イラスト・動画など）の転載・利用をご希望の方は、「記事や写真を転載・利用する場合のご案内」（https://www.asahi.com/shimbun/chizai/）ページの案内に従い申請してください。

　許諾させていただく場合でも、原則として使用料を申し受けております。

上記のように，基本的に日本の著作権法の枠組みに基づいた内容となっており，前述のような引用は可能ですが，転載等を行うには著作権者の許諾と使用料の支払いが原則として必要となります．

4.11　参考文献・ホームページ

1. 「Google 検索の仕組み ｜ 概要」，Google，https://www.google.com/intl/ja/search/howsearchworks/，（参照 2019 年 3 月 10 日）．
2. 「著作権に関する教材，資料等 ｜ 文化庁」，文化庁，http://www.bunka.go.jp/seisaku/chosakuken/seidokaisetsu/kyozai.html，（参照 2019 年 3 月 10 日）．
3. 「Wikipedia:クリエイティブ・コモンズ 表示-継承 3.0 非移植」，Wikipedia，https://ja.wikipedia.org/wiki/Wikipedia:クリエイティブ・コモンズ_表示-継承_3.0_非移植，（参照 2019 年 3 月 10 日）．
4. 「Wikipedia:ウィキペディアを二次利用する」，Wikipedia，https://ja.wikipedia.org/wiki/Wikipedia:ウィキペディアを二次利用する，（参照 2023 年 3 月 6 日）．
5. 「著作権について：朝日新聞デジタル」，朝日新聞デジタル，https://www.asahi.com/policy/copyright.html，（参照 2023 年 3 月 6 日）．

5. ネットワークと社会

5.1　情報伝達手段の発展

　遠方にできるだけ速く情報を伝えることは古代からの人間の願望であり，現代のインターネットに代表されるコンピュータネットワークに至るまで，様々な情報伝達手段が開発されてきました．

　古より，狼煙を上げるなどの方法による情報伝達が世界各地で繰り広げられました．日本においては，大坂の米相場の価格を各地に素早く伝える旗振り通信が江戸時代に発達しました．これらの方法は光による通信であり，光速で情報が相手に届く利点がありますが，人による操作と確認が必要で，かつ 10km 前後ごとに中継しなければならず，情報伝達にはそれなりの時間がかかりました．当然のことながら，これらの通信手段は後に電信電話などの電気通信に取って代わられました．

　日本における手紙による情報のやりとりは，江戸時代における五街道や宿場町の整備と飛脚によって発展しましたが，明治時代以降，郵便制度に取って代わられました．

　一方，電気による通信手段としては，19 世紀に発達した電信，20 世紀に発達した電話などがあります．モールス符号による電信は，デジタル通信の先駆けだと言えなくもありませんが，電鍵を人手で操作することにより通信文を遠方に伝えました．アレクサンダー・グラハム・ベルの発明による電話は，音声の強弱を電流の強弱に変換して遠方に送信し，受話器側で電流を音声に変換することによるアナログ通信技術の一つです．通信媒体としての無線通信は，イタリア人のグリエルモ・マルコーニが商用化への道を開きましたが，今日に至るまで，ラジオ，テレビ，携帯電話など多様なメディアへと発展してきました．

年代	事象
1950	白黒テレビ放送開始（1953 年）
1960	カラーテレビ放送開始（1960 年）
1970	ARPANET（米国）の実験開始（1969 年） 中大型コンピュータによる情報処理
1980	パソコンの登場（1978 年） 自動車電話（後の移動体通信）の開始（1979 年） パソコン通信サービス（1984 年）
1990	WWW（World Wide Web）の登場（1990 年） Windows 95 の登場（1995 年）
2000	i モードサービスを開始（1999 年） e-Japan 構想
2010	iPhone 3G の登場（2008 年）

次に，第二次世界大戦後の主に日本での通信メディアの発達について，その発達の
きっかけとなった重要な事象を，10 年を単位として前ページの表にまとめています.

　1953 年の白黒（モノクロ）テレビ放送の開始は，それまでのラジオ放送による音声
のみの情報伝達に加え，「遠くにある世界の風景を目の当たりにする」という動画映像
による体験を視聴者にもたらしました. 一方では，当時の流行語の一つとなったのが
「一億総白痴化」で，思索をめぐらせながら読む本とは違って，情報が一方的に流れて
くるテレビ放送は国民すべての想像力や思考力を低下させるという懸念を示していま
した.

　1970 年代には，米国においてインターネットの前身である「ARPANET」の実験が
いよいよ開始されます. 当時のコンピュータは，専用の施設が必要な大型コンピュー
タか，冷蔵庫や洗濯機くらいの大きさの中型コンピュータであり，低コストで誰でも
が簡単に利用できるようなものではありませんでした. コンピュータどうしの通信媒
体も，電話回線によるものが大半でした.

　1971 年には，日本のビジコン社との共同開発により，米国の Intel 社が世界初のマ
イクロプロセッサ「4004」を発売しました. ここからスタートするマイクロプロセッ
サの発達がコンピュータの小型化を促進し，1980 年代にはパーソナル・コンピュータ
（パソコン）製品が多数登場する結果となりました. パソコンの性能は今日に至るま
で飛躍的に向上し，その価格も大幅に下がりました.

　当時は，パソコンを電話回線に接続して中大型コンピュータを介して通信する，い
わゆる「パソコン通信」サービスが全盛でしたが，定額もしくは無料で利用できる「イ
ンターネット」が次第に頭角を現してきました.

　1990 年代は，インターネットが徐々に主流となっていく時代です. 欧州原子核研究
機構（CERN）のティム・バーナーズ－リーが，今日の Web サービスの原型である
WWW（World Wide Web）を考案し，そのシステムを完成させます. 1995 年はイン
ターネットが広く普及し始めた年で，「インターネット元年」とも呼ばれています. 同
年には，インターネット接続を前提とした Microsoft 社の Windows 95 が発売されま
した.

　21 世紀は，「ブロードバンド・インターネット時代」とか「ユビキタス・コンピュー
ティングの時代」などとも呼ばれますが，2000 年前後にはその徴候が現れ始めます.

　1999 年には，携帯電話向けのインターネットサービスである「i モード」が始まり
ます. それまでは，携帯電話会社それぞれの移動体通信網内でしかメールのやりとり
ができませんでしたが，携帯電話でインターネットメールを送受信したり，Web ペー
ジを閲覧したりできるようになりました.

2000 年には，当時の森内閣総理大臣が「e-Japan 構想」を提示しました．ブロードバンド・インターネット時代を見据えた日本型 IT 社会の実現を目指すいくつかの政策を推進し，今日までに多くの成果が得られました．

　インターネットを利用するのに，1980 年代はワークステーション，1990 年代はパソコンなどの固定端末が必要でした．2000 年代のｉモードでは，移動中の携帯電話からインターネットを利用することが可能になりましたが，利用者は限定的なサービスしか使えませんでした．

　一方，2008 年に発売された Apple 社の iPhone は，ネットワーキングの世界に一つのパラダイムシフトをおこしました．iPhone に代表されるスマートフォン7では，移動体通信網を経由してインターネットの向こう側に用意されている多くのクラウドサービスを最大限に活用することができます．たとえば，GPS で把握した現在位置を地図上に表示して近くのレストランを紹介するなど，便利で新しい様々なサービスを，屋外を含めどこでも活用できるようになりました．

　情報機器の小型化，薄型化は続いており，音声認識などの技術レベルも日夜向上しています．どこにでも人工知能（AI）がありいつでも利用できるユビキタス・コンピューティングや IoT（Internet of Things）の世界が近づきつつあります．

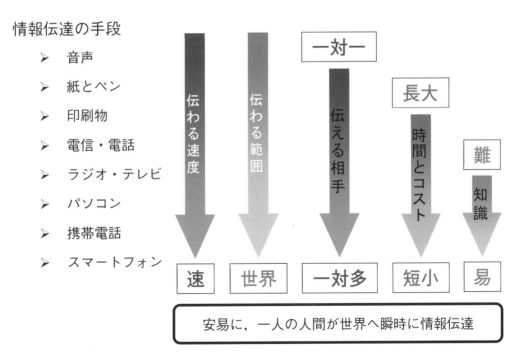

情報伝達の手段
➢ 音声
➢ 紙とペン
➢ 印刷物
➢ 電信・電話
➢ ラジオ・テレビ
➢ パソコン
➢ 携帯電話
➢ スマートフォン

伝わる速度 → 速
伝わる範囲 → 世界
一対一 伝える相手 → 一対多
長大 時間とコスト → 短小
難 知識 → 易

安易に，一人の人間が世界へ瞬時に情報伝達

---

7 これに対し，従来の携帯電話のことをフィーチャーフォンと呼びます．

5.2　情報の持つ特性

　電気的な通信手段が開発されるより前の時代において最も重要視された情報伝達手段は，人間どうしの関わり合い（コネ）と言って良いでしょう．情報ネットワークの発達した現代においてもある程度まで当を得ているものと考えられますが，特定の情報をにぎっている人と親しくなれるかどうかが，有用な情報を得られるかどうかの鍵となりました．二番目に重要だと考えられるのが印刷物でしょう．江戸時代には木版印刷による多数の書物や瓦版が出版され，明治以降の活版印刷に引き継がれました．これらの情報伝達手段は，人手を介して広まる関係上，伝達のスピードが遅く，かつ広範囲にはなかなか広まらないものでした．

　電気的な通信手段が発達すると，相手と一対一に双方向通信する電信・電話，および一対多の単方向通信であるラジオ・テレビにより，情報が遠方へ瞬時に伝わるようになりました．また，受信したラジオ番組を録音したり，テレビ番組を録画したりして番組を記録に残すことが日常茶飯事に行われるようになりました．

　ブロードバンド・インターネットの時代になると，Web ページのしくみを利用して，動画を含む情報を個人が発信できるようになりました．ラジオやテレビ放送局を構築し，さらにそれらの放送に使う番組を制作するには大変なコストと時間がかかりますが，インターネット上では誰でもが低コストですぐに情報発信できるようになりました．

　Web サーバの構築や Web ページの作成には，ある程度の（専門）知識が必要となりますが，2000 年代中盤に，当時 Web 2.0 という総称で呼ばれた，ブログ，SNS（Facebook など），ツイッターが登場しました．これらのツールを活用することで，知識なしで個人が簡単に情報発信をできるようになりました．スマートフォンやタブレットなど，インターネットとの親和性の高い端末の登場も個人の情報発信を後押ししています．

　情報伝達手段についての上述のような評価をまとめたものが前ページの図です．スマートフォンやクラウドサービスの登場は，人々の生活を便利で豊かなものにしましたが，一方では，「安易に，一人の人間が世界へ瞬時に情報伝達」することのできる世の中を作ってしまいました．世界中の人たちから「いいね！」と称賛してもらえる可能性がある反面，一個人の失敗談が世間の重大事に発展する危険性もはらんでいます．

　次に，デジタル情報の持つ他の情報媒体にはない特性を大まかにまとめると，以下のようになります．

- 容易な複製（コピー）
  パソコンで作成した文書，あるいはスマートフォンで撮影した写真や動画など，デジタル情報は簡単な操作で複製できます．従来，印刷物などを複製するには

ペンや筆などで書き写すか，コピー機などを使用して転写しなければなりません
んでした．

- 劣化しない
  従来は，ビデオ録画等を含め，情報（の質）が劣化するという欠点がありました．
  デジタル情報の特性の一つとして，何回コピーしても情報が劣化しないことが
  挙げられます．ただし，非可逆圧縮を行った場合など，情報が劣化する場合もあ
  ります．

- 瞬時に伝達
  マルチメディア，すなわち文字，静止画，動画，音声，音楽など，どのようなデ
  ジタル情報でもネットワークを介して瞬時に劣化なしに伝達できます．「瞬時に」
  というのは正確な言い回しではなく，送受信する情報量をネットワークの速度
  （通常 bps すなわち bit per second で表される）で割り算した時間をかけて伝
  達されます．人手を介した情報伝達よりも，はるかに高速かつ正確に情報伝達
  できます．

- 検索可能
  一旦，デジタル情報，特にデータベース上に文字情報として記録しておけば，利
  用者のほしい情報が容易に検索できます．昨今のインターネットの普及により，
  たとえ地球の裏側からであっても情報の検索が可能です．よって，人間どうし
  のコネがない場合でも仕事や生活に関する情報収集への支障がほぼなくなりま
  した．

- 同時アクセスが可能
  アクセス制限を設けない限り，同じ Web ページやブログなどに，複数の人が同
  時にアクセスできます．物理的な書籍などの場合，同時に閲覧可能な人数は限
  られます．

- 高密度に保存可能
  これが可能になったのは，年月をかけてメモリやハードディスクの記憶容量が
  数桁増大したおかげだと言えます．コンピュータの黎明期では，このようなこ
  とは不可能でした．最近では「自炊」と称して，場所をとる古い書籍などをスキ
  ャナで取り込み，（元の書籍は廃棄して）パソコンやタブレットなどで縦覧する
  ことがはやっています．

上記のようなデジタル情報の持つ特性を頭の片隅に置きながら，以下に説明するネ
ットワーク社会における課題や問題点について理解していってください．

5.3　ネットワークにおけるコミュニケーション

　ネットワークの発展により，一対一の電子メールでのコミュニケーションの他，一対多の新しいコミュニケーションツールが整ってきました．まずは代表的なものをいくつか紹介します．

- SNS（ソーシャル・ネットワーキング・サービス）
  社会的なつながりの構築を目的とした Web ページを提供するサービスです．特定のメンバーに向けて情報を公開するといった，公開対象をコントロールする機能がついているものや，メンバー間でのメッセージのやりとりに特化したものも登場しています．実名での登録を規約の中にうたっている SNS も存在します．

- ツイッター（Twitter）
  ツイートと呼ばれる個人のつぶやき（140 文字までの短文）を全世界に発信するサービスです．気に入ったつぶやきを再発信するリツイートという機能が特徴的です．登場当初は文字のみのサービスでしたが，写真や動画を扱う機能も提供されています，つぶやきを集め，自由に並べ替えて閲覧できる Web サービスも登場しています．

- ブログ（Weblog）
  日常のできごとや趣味などの話題に関する Web ページ，あるいはそのような Web ページを提供するシステム全般のことを指します．利用者は，Web ページ作成の知識なしに，ブラウザ上でページを編集するだけで，自身のブログを全世界に公開できるようになっています．

- 口コミメディア
  商品の感想や口コミを共有することで形成されている情報サイトです．

- Wiki（ウィキ）
  ユーザが自由に編集できる Web ページであり，このアイデアを使ったフリーの百科事典が，Wikipedia です．

5.3.1　コミュニケーションツールの特性

　これらの情報発信ツールに共通する特性として，次の 3 つのものが挙げられます．

1. 顔が見えない文字でのやり取り
   インターネット上での文字による情報交換では，お互いに顔の表情や声のトーンが確認できる対面や電話での会話と異なり，**相手が本人なのかどうかすら確**

認できない，たとえ本人であっても相手の感情や意図がつかめないという特徴
があります．相手が書いた文章の微妙なニュアンスをうまく読み取る（このこ
とを「行間を読む」と言います），あるいは，自分の意見を相手が誤解せず，か
つ相手の感情に触れないよう文章に書き起こす，といった能力を得るには努力
と年季が必要です．相互に真意や表情が伝わらなくなると，誤解や言葉の行き
違いが生まれやすくなります．

2. 情報の特性の影響

　情報は簡単にコピーでき，また再発信することも容易です．この性質が，一旦イ
ンターネット上に発信されたものを取り消すことを非常に困難にしています．
ネットワーク上の多数のユーザは，「面白いもの」を見つけると，手元のコンピ
ュータにダウンロードして保存してしまいます．こうなると，最初に公開した

情報を消去しても，必ずどこかに情報が残り，再び別の場所に情報がアップロ
ードされてしまいます．削除依頼と別の場所での公開はいたちごっこでいつま
でも終わらず，インターネット上から情報が無くなることがありません．

3. 蓄積され，感心の高い人々によって解析される

　何気ない書き込みや，個人を特定できるほどの情報が含まれていないような書
き込みであっても，それらが蓄積してくると状況は変わります．生活の様子や，
それに貼り付けられた写真，よく通る道路などの写真から，個人を特定するの
に十分な手がかりになってしまうことがあります．また，仲の良い友人に向け
て何気なく発信した一言であっても，その一言に関連するキーワードを検索で
きるため，想定以上の多数の人の目に触れるようになってしまうおそれがあり
ます．

これらの特性を意識しながらコミュニケーションを図らないと，議論が炎上したり，
長期間にわたり世間（インターネット）から叱責をくらったりするかもしれません．

5.3.2　コミュニケーションツールでの情報発信時の注意点

　コミュニケーションツールを使用すれば，自分の考えや日常生活などの情報を手軽

に多くの人と共有できます．また，自分の投稿に対する読者からの反応もすぐに確認できることなどが大きな魅力になっています．

　その一方で，これら情報発信の際のさまざまなトラブルが確認されています．ここでは，コミュニケーションツールを利用して情報発信をする際の注意点，あるいはトラブルと対策について説明します．

5.3.2.1　著作権侵害に注意

　情報を発信する際には，著作権の侵害に注意しなければなりません．画像，イラスト，音楽などは，ほとんどのものが著作権を有しています．これらを権利者の許諾を得ないで複製することや，インターネット上に掲載して誰でもアクセスできる状態にすることなどは，著作権侵害にあたります．また，新聞や雑誌などの記事にも著作権があり，引用の範囲を越えて掲載すると著作権侵害となるため，注意しましょう[8]．

　人物の写真などの場合，撮った人などが著作権を有するだけでなく，写っている人に肖像権があるため，コミュニケーションツール上に掲載する場合には，これらすべての権利者の許諾が必要になる場合があります．

　情報を発信する際に，市販の素材集（絵や写真など）やインターネットに素材を提供しているホームページなどでは，これらを利用する場合に権利者による許諾の必要がない旨を記載されていることがあります．しかし，そのような素材であっても商業利用については制限がかけられていることがあるため，必ず規約をよく読んでから利用するようにしましょう．

5.3.2.2　個人情報の公開の危険性

　コミュニケーションツール上で公開した情報は，いろいろな人が閲覧する可能性があります．そのため，氏名，年齢，住所，電話番号，自分の画像といった作成者自身の個人に関する情報を公開することの危険性について，きちんと認識しておかなければ

---

[8] この章に掲載してあるいくつかのイラストは，総務省サイトの「著作権について」の掲示に基づき，参考文献「国民のための情報セキュリティサイト」より改変せずにそのまま該当個所に転載したものです．

なりません.

　たとえば，住所や電話番号が公開されていれば，そのホームページを見た人があなたに興味を持って，自宅の周りをうろついたり，電話をかけてきたりといったストーカー行為を行うかもしれません.また，公開している個人情報を収集され，迷惑メール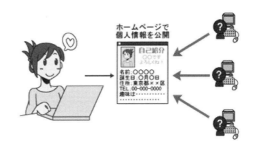や振り込め詐欺などの別の犯罪に利用される可能性もあります.

　そのような被害から身を守るためには，個人に関する情報の公開の判断は，非常に慎重に行うべきです.さらに，自分以外の家族や他人の個人に関する情報を，本人の許可なく掲載することは，厳に慎まなければなりません.

5.3.2.3　プライバシー情報の書き込み

　友人間のコミュニケーションを目的としている場合であっても，プライバシー設定が不十分であると，友人から引用されることなどにより書きこんだ情報が思わぬ形で拡散する可能性があります.インターネット上に情報が公開されているということを念頭に置き，書き込む内容に十分注意しながら利用することが大切です.

5.3.2.4　画像掲載による意図しない位置情報の流出

　最近の GPS 機能のついたスマートフォンやデジタルカメラで撮影した画像には，設定によっては，撮影日時，撮影場所の位置情報(GPS情報)，カメラの機種名などの情報が含まれている場合があります.コミュニケーションツールに，こうした位置情報付きの画像を掲載してしまうと，自宅や撮影日の居場所が他人に特定されてしまう危険性があります.この情報を元に，迷惑行為やストーカー被害などの犯罪にあう可能性もあるため，十分な注意が必要です.

　画像にどのような情報が含まれているのか調べる方法はいくつかありますが，専用の（フリー）ソフトウェアを利用して掲載前に確認したり削除したりできます.位置情報もプライバシー情報であるということを十分理解して，位置情報をつけた画像をうっかり投稿しないよう心がけましょう.

5.3.2.5 ツイートにおける注意事項

短いコメントを送るツイートをする際，気をつけるべきことは，それを誰が見ているのかわからないということです．何気ないつぶやきであっても，ツイッターのシステムは全世界に発信します．

また，自分のツイートを読んでいる人（フォロワー）が少ない状況であっても，多数のフォロワーを持っている人にリツイート（ツイートの再発信）された場合，大きな影響力を持ち得ます．

また，他の人のツイートを読むときにも注意が必要です．一連のツイートの一部について着目すると，全く違った意図に読み取れてしまう場合があります．まずは落ち着いて，幅広くツイートを読んで全体を把握する必要があります．

5.3.2.6 発信内容の精査

コミュニケーションツールは，日常生活の中での個人の思いなどをリアルタイムに投稿できる点が大きな魅力です．しかしその一方で，インターネット上の発言やふるまいは，個人の何気ない発言でも多くの人の目に触れる可能性があり，場合によっては現実社会に大きな影響を与えることもあります．

例えば，ある会社員が勤務時間中にしたコミュニケーションツールへの投稿が，本来は秘密にすべき職務の内容を外部に漏らしてしまう結果となってしまう

ことがあります．その結果，インターネット上で会社員自身に非難が集中したり，その組織全体の問題として取り上げられたりする事例が発生しています．このような場合，インターネット上のその問題に関心を持つ人の間で責任追及活動がしばしば行われ，その過程で非難の対象となった個人の過剰な個人情報の特定・暴露や，誹謗中傷などの大量の書き込み（いわゆる「炎上」）などの行為が行われます．最終的には，新聞やテレビなどのマスメディアで報道されることも珍しくありません．

こういった危険性を回避するためには，まずは自分のインターネット上での発信内容が本来秘密にすべき事項を含んでいないか，現実社会でも非難を浴びるような内容でないかなど，毎回立ち止まって考える慎重さが必要です．

5.3.3 コミュニケーションツール利用上の注意点

ここでは，コミュニケーションツールを利用する際に想定される，脅威とその対策

について説明します.

5.3.3.1　偽アカウントや架空アカウントによる投稿

　コミュニケーションツールの中には，本人確認が徹底していないサービスもあり，実在の人物や組織の名前を名乗ったにせのアカウントや，架空のアカウントで投稿されるケースもあります．これらのアカウントを悪用して，不正リンクの投稿などが行われる事例もありますので，アカウントが本物であるのかどうかについては，慎重に確認する必要があります．

　コミュニケーションツールによっては，本人確認が行われた上で公式アカウントとして登録されるものもあります．特に公的機関や企業，著名人などの情報をフォローする場合には，まず公式アカウントが存在するのかどうかについて，それぞれの機関のホームページなどで確認すると良いでしょう．直接の知人や公式アカウント以外のアカウントで，本人確認ができない場合には，安易にフォローしたり，友達になったりしないようにしましょう.

5.3.3.2　投稿での悪意のあるサイトへのリンク

　コミュニケーションツールでは，登録さえすれば誰でも投稿することができることから，リンクにより悪意のある（ワンクリック詐欺，フィッシング詐欺などの）サイトに誘導される危険性があります．投稿した人が実在の信頼できる人物であったとしても，他人が投稿した内容をそのまま再投稿する場合もありますので，元々の情報の信頼性を確認することが大切です.

5.3.3.3　短縮 URL の悪用

　コミュニケーションツールでの文字数の制約上，長い URL を短縮して表示するための外部のサービスです．本来の URL よりも文字列が短くなり，見た目にも扱いやすくなります．しかしながら，一見しただけではどのサイトにリンクされているのか分からないことから，この機能を悪用してフィッシング詐欺やワンクリック詐欺などの悪意のある Web ページに誘導する手口が確認されています.

　短縮 URL を安易にクリックしないよう注意してください．どうしてもクリックしたい場合，短縮 URL を元の URL 表示に戻して確認することのできる Web サービスも

登場しています．

5.3.3.4 SPAM アプリ

コミュニケーションツールのアプリを含め，スマートフォンのアプリの中にはインストールの際に連絡先情報へのアクセス許可を求めてくるものがあります．このようなアプリの中には，個人の連絡先情報を収集し迷惑メールなどを送りつけることなどを目的としているものもあります．連絡先情報へアクセスするアプリについては，問題ないとはっきりしているもの以外のインストールと使用を避けるようにした方が良いでしょう．

5.3.3.5 著作権法違反のリスクに注意

動画配信サイトには，著作権者に無断でアップロードした動画や音楽などが存在します．こうした著作権法違反の動画や音楽ファイルを，違法性を認識しながらダウンロードする行為も著作権法違反となってしまいます．

5.3.3.6 いやがらせや迷惑行為への対応

コミュニケーションツールのコメント欄や電子掲示板などでは，個人を誹謗中傷する内容の書き込みや，無意味な文字の貼り付け，不正な動作を行う HTML タグの書き込みなどの迷惑行為（いわゆる「荒らし」）を受けることがあります．悪意を持って，特定個人に関する情報が書き込まれる場合もあります．

これらの行為を発見したら，書き込みの削除の対応をとりましょう．電子掲示板によっては，禁止用語の設定，特定のコンピュータからのアクセス制限，連続書き込みの禁止などの対策が可能になっているものもあります．

悪質な迷惑行為を受けた場合には，投稿日時，投稿者のコンピュータ名，IP アドレス，投稿内容の情報を抜粋して保管しておくようにしましょう．抜粋した情報を元に，相手が接続しているインターネットサービスプロバイダや企業の管理者に連絡することも対策手段のひとつとなります．

インターネット上に，自分の個人情報や誹謗中傷の書き込みがされているのを発見した場合には，書き込みに関する証拠（サービス名，URL，書き込み番号など）を保存した上で，サイトの管理者などに削除依頼をしましょう．

5.4　ネットワークに潜む脅威と対策

ここでは，主にパソコンやインターネットを利用する際に注意しておかねばならな

い脅威について説明します．

5.4.1　コンピュータウイルス

　ウイルスは，電子メールやホームページ閲覧などによってコンピュータに侵入する特殊なソフトウェアです．マルウェアとも呼びます．

　以前は，記憶媒体を介して感染するタイプのウイルスがほとんどでしたが，最近はインターネットの普及に伴い，電子メールをプレビューしただけで感染するものや，ホームページを閲覧しただけで感染するものが増えてきています．また，利用者の増加や常時接続回線が普及したことで，ウイルスの増殖が速くなってきています．

　ウイルスの中には，何らかのメッセージや画像を表示するだけのものもありますが，危険度が高いものの中には，ハードディスクに保管されているファイルを消去・暗号化したり，コンピュータが起動できないようにしたり，パスワードなどのデータを外部に自動的に送信したりするタイプもあります．

　大きな特徴として，多くのウイルスは増殖するための仕組みを持っています．たとえば，コンピュータ内のファイルに自動的に感染したり，ネットワークに接続している他のコンピュータのファイルに自動的に感染したりするなどの方法で自己増殖します．最近はコンピュータに登録されている電子メールのアドレス帳や過去の電子メールの送受信の履歴を利用して，自動的にウイルス付きの電子メールを送信するものや，ホームページを見ただけで感染するものも多く，世界中にウイルスが蔓延する大きな原因となっています．

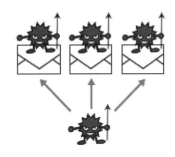

- 自己増殖
  ウイルスの中には，インターネットや LAN を使用して他の多くのコンピュータに感染することを目的としているものがあります．特にワーム型と呼ばれるウイルスは，自分自身の複製を電子メールの添付ファイルとして送信したり，ネットワークドライブに保存されているファイルに感染したりするなど，利用者の操作を介さずに自動的に増殖していきます．
- 情報漏洩
  ウイルスによる情報漏洩は，大きく分類すると，コンピュータに保存されている情報が外部の特定のサイトに送信される場合，およびインターネット上に情報が広く公開される場合があります．ウイルスによって漏洩する情報は，ユー

ザ ID やパスワード，コンピュータ内のファイル，メール，デスクトップの画像
など，さまざまです．情報漏洩を引き起こすタイプのウイルスには，利用者がキ
ーボードで入力した情報を記録するキーロガーや，コン
ピュータ内に記録されている情報を外部に送信するスパ
イウェアと呼ばれるものなどがあります．コンピュータ
がこのようなウイルスに感染していたとしても，コンピ
ュータの画面上には何の変化も起こらないことが多いた
め，利用者はウイルスに感染していることに全く気が付
きません．

- バックドアの作成
  感染したコンピュータの内部に潜伏するタイプのウイルスを「トロイの木馬」
  と呼びます．この中でも，コンピュータに外部から侵入しやすいように「バック
  ドア」と呼ばれる裏口を作成するタイプの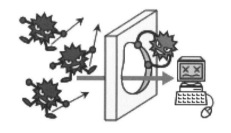
  ウイルスは極めて悪質なものです．この種
  のウイルスに感染すると，コンピュータを
  外部から自由に操作されてしまうこともあ
  ります．多くの場合，コンピュータの画面
  上に何も表示されることなく，プログラム
  やデータファイルの実行・停止・削除，ファイルやプログラムのアップロード・
  ダウンロードなど，不正な活動を行います．

- コンピュータ・システムの破壊
  ウイルスによっては，コンピュータ・システムを破壊してしまうものがありま
  す．その動作はウイルスによって異なりますが，特定の拡張子を持つファイル
  を探し出して自動的に削除するものから，コンピュータの動作を停止してしま
  うものまで様々です．

- メッセージや画像の表示
  いたずらを目的としたウイルスは，一定期間コンピュータ内に潜伏して，ある
  日時に特定のメッセージや画像を表示するものがあります．最近はこのような
  いたずらを目的としたウイルスは減ってきています．

ウイルスに感染しないようにするためには，アンチウイルスソフトウェアを導入す
る必要があります．また，最新のウイルスに対応できるよう，ウイルス検知用データベ
ースを常に最新の状態に更新しておかなければなりません．

5.4.1.1　ウイルスの感染経路

ウイルスはどうやってコンピュータに入り込むのでしょうか．メールで添付された不審なファイルや，オンラインのファイル共有スペースから取得した出所が不明のファイルには，ウイルス，ワーム，トロイの木馬等の不正なプログラムが含まれている場合があります．また，友人間でファイルをやり取りするときに，感染したコンピュータが一台でもあれば，文書ファイルにウイルスが寄生するなどして，いつの間にか蔓延してしまうことがあります．

- 電子メールの添付ファイル

  電子メールの添付ファイルが，ウイルスの感染経路として最も一般的です．電子メールに添付されたファイルに悪意のあるソフトウェアが紛れ込んでいた場合，それを保存してから開くと，コンピュータがウイルスに感染してしまいます．文書ファイルであっても，文書を閲覧するソフトウェアの脆弱性を狙ったウイルスかもしれませんので，メールの添付ファイルを安易に開くのは危険な行為です．

- ホームページの閲覧

  Web ブラウザで悪意のある Web ページを閲覧した際に，ウイルスが埋め込まれている場合があります．閲覧しただけで，コンピュータがウイルスに感染してしまう危険があります．最近では，会社などの正規の Web ページが不正侵入を受けて書き換えられてしまう事件が発生しています．このような場合，正規の Web サイトを閲覧しても同様にウイルス感染してしまいます．

- 信頼できないサイトからダウンロードしたソフトウェアのインストール

  信頼できないサイトにおいてあるソフトウェアにはウイルスが仕込まれている可能性があります．上記同様，正規のサイトでもソフトウェアが悪意のあるものに置き換えられたケースもあります．

- USB メモリの使用

  コンピュータには，USB メモリを差し込んだだけで自動的にソフトウェアが実行されるしくみが用意されています．このしくみを悪用したウイルスがあり，感染したコンピュータに後から差し込まれた別の USB メモリに感染して被害を広げるものもあります．

  本学に持ち込んだ USB メモリにウイルスが見つかった場合，その USB メモリを差し込んだ自宅・ネット

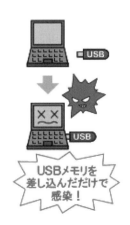

USBメモリを
差し込んだだけで
感染！

カフェ・友人宅のどこかのコンピュータにウイルスが存在していたことになります．あるいは，これまでの行為により別のコンピュータがウイルスに感染してしまっているかもしれません．

● ファイル交換ソフトウェアの使用
ファイル交換ソフトウェアとは，インターネットを介して他人のコンピュータとファイルのやり取りを行うソフトウェアのことで，Winny などが有名です．交換したファイルの中にウイルスが潜んでいる場合，いつの間にかウイルスを媒介してしまうことがあります．

● HTML メールの閲覧
添付ファイルが付いていなくても，HTML 形式で書かれたメール（デコメを含む）を見ただけでウイルスに感染することがあります．HTML メールは，Web ページと同様に扱ってください．

5.4.1.2　ウイルス対策

こういったウイルスに対抗するためには，アンチウイルスソフトウェアの導入が必須です．アンチウイルスソフトウェアは，ウイルスを見分けるためのデータベースを参照しながらウイルスを見つけ出します．また，コンピュータの動作を監視して，不審な動きがあった場合に機能や動作を制限するものもあります．

個人でできるウイルスへの対応としては，

1. 最新のウイルス定義ファイルを導入したアンチウイルスソフトウェアを使う
2. メールの添付ファイルは開く前にウイルス検査を行う（暗号化された ZIP ファイル中のファイルも同様）
3. ダウンロードしたファイルは開く前にウイルス検査を行う
4. ブラウザ等のセキュリティを適切に設定し，リンクは不用意にクリックしない
5. Windows などのオペレーティングシステム（OS），Microsoft Edge などの Web ブラウザに必ずアップデート（更新）を適用する
6. 感染被害に備えて，データをバックアップしておく

といったことが考えられます．自宅のコンピュータ等で対策をしていない人は，ぜひこの機会に見直してみましょう．

5.4.2　不正アクセス

5.4.2.1　不正アクセスに遭わないために

インターネットに接続したパソコンに対し，外から意図しない通信が行われる場合

があります．最近は，家庭内だけでなく，タブレットなどを屋外に持ち出す機会が増えたため，不正アクセスの対象になる危険性が増えてきました．

こうした不正アクセスにあわないためには，コンピュータ外部からの通信の可否を設定できるファイアウォールを導入して設定することが重要になります．オペレーティングシステムによっては，標準で機能が備わっているものもあります．

ファイアウォールなどによって不要な通信を防いでいても，実際に通信している際に権限を悪用されると，不正アクセスされることになってしまいます．そのようなことがないよう，ユーザ ID やパスワードなどの管理を十分に行い，権限を奪われることがないよう注意しなければなりません．

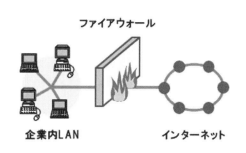

そのほか，不正アクセスされる原因となるオペレーティングシステムなどの脆弱性への対策も必要となります．ウイルス対策と同様，ソフトウェアのアップデートは速やかに適用するようにしてください．

5.4.2.2　身近に存在する不正アクセス禁止法違反

本学のシステムやインターネットサービスを使用する際には，不正アクセス禁止法に違反しないよう注意する必要があります．不正アクセス禁止法で禁じられているのは，次のような行為です．

- パスワードや ID を盗んでコンピュータにアクセスする
- ソフトウェアの欠陥を利用してアクセスする
- 不正アクセスを助長する行為をする

このように書いてあると，普通の人とは縁遠い内容のように思われます．しかし，例えば，友人に自分のユーザ ID とパスワードを教えておいて，My KONAN に課題の成果物を出しておいてもらうなどといった行為は，この法律に違反しています．友人に許可を与えたのだから OK ということではありません．十分に注意しましょう．

5.4.3　SPAM メール

SPAM メールは，迷惑メールとも呼ばれます．商品サービスや出会い系サイト，アダルト広告などの営利目的のメールが大半を占めます．さらに，後述する架空請求やフィッシングなども，こういった迷惑メールが起点となることが多いのです．

営利目的でなくても，「不幸の手紙」のように，受信者に複数の人に転送することを

求めるチェーンメールも SPAM メールの種類の一つです.

SPAM メールが広まっていく理由には，次のようなものが考えられます.

- 電子メールは簡単に送信できる
- メールは重要な情報源のため，送りつけられた人が目にする可能性が高い
- インターネットを経由してメールアドレスやその手がかりを入手できる

このような迷惑メールは，不愉快な内容であるだけではなく，不用意にクリックすることで悪意のある Web ページが表示されたり，ID やパスワードを盗まれたり，などといった事態に発展することもあります.

5.4.3.1 SPAM メールを起点とする犯罪に巻き込まれないために

SPAM メールに対処するためには，次の方策が有効です.

- SPAM メールを受信したとき
  - ➤ 知らない発信者，不審な発信者からのメールは開かずに捨てる
  - ➤ メールに書かれた不審なリンクは開かない
  - ➤ 添付ファイルを開かない
  - ➤ 不正請求は無視する．抗議や問い合わせをしない
  - ➤ チェーンメールは別の人に送らない
- SPAM メールを受信しないためには
  - ➤ メールソフトウェアのフィルタリング機能を使う
  - ➤ ブログや SNS にメールアドレスを書き込まない
  - ➤ 不用意にアンケートに答えない

メールを送る際には，こういった対策を相手が取るであろうと考えて，発信者情報などを正しく設定したメールを送ることが大切です．たとえば，発信者名を正しく表示するようメールソフトウェアを設定し，SPAM メールと勘違いされないようにする．内容に即したタイトル（件名）でメールを送るなど，送る側が配慮するべきこともたくさんあります.

5.4.4 不正請求・ワンクリック詐欺

SPAM メールについていたリンクをクリックしたら，あるいは Web 検索結果のひとつをクリックして開いてみたら，突然，画面に「登録完了，お支払いは 1 週間後」などが表示され，お金を払わなければいけないように見えることがあります．これが不正請求やワンクリック詐欺のひとつです．

また，メールに身に覚えのないネットショッピングの利用の明細がついており，支払わない場合は法的手段をとるとか，債権回収業者に依頼する，などと言った脅しメッセージに驚かされることがあります．

このようなメッセージは無視するとともに，繰り返しポップアップが画面に表示される場合は，Web ブラウザの設定などで対策をとります．

ここで重要なのは，不正請求のメール等に記載されたメールアドレスに対し，詳細を問合せるメールを送ったりしないということです．返事をすることで，「このメールアドレスにはきちんと読んでいる人がいて，その人はこういった恫喝に影響を受ける人だ」と，犯罪者の側に伝えてしまうことになります．

5.4.5 フィッシング

あるメールが届きます．そのメールによると「オンラインバンクのパスワードのセキュリティ向上のため，新しいパスワードを入力して欲しい．」とのことでした．届いたメールに書かれたアドレスをクリックすると，いつも使っているオンラインバンクのページが出てきました．このように始まるのがフィッシング詐欺です．

実は，このメールに書かれたアドレスの先は，本物のオンラインバンクのページそっくりに作られたにせものの Web ページです．ユーザ ID やパスワードなどを入力すると，それが犯罪者に通知され，銀行のオンライン口座からお金を抜き取られてしまうのです．

5.4.6 無線 LAN の安全な利用

無線 LAN は，ケーブルの代わりに無線を利用するという性質上，通信内容が傍受（盗聴）される危険性があります．そのため，無線 LAN を使ってユーザ ID やパスワードなどのログイン情報，クレジットカード番号のほか，プライバシー性の高い情報をやり取りする場合には，自分と相手先との間で「暗号化通信」が行われていることを

確認しましょう.

　公共の場で無線 LAN を利用するときに, ファイル共有機能が有効になっていると, 他人からパソコンやスマートフォン内のファイルが読み取られたり, ウイルスなどの不正なファイルを送りこまれたりすることがあります. 必ずファイル共有機能を解除しましょう.

　自宅内に無線 LAN のアクセスポイントを設置して利用する場合には, アクセスポイントで暗号化の設定を行ってください. 現時点では, WPA2 または WPA3 方式による暗号化を推奨します.

　旧来より WEP という暗号化方式もありましたが, 近年 WEP や WPA は短時間で解読される方法が発見され, 安全な方式とは言えなくなっています[9].

　また, アクセスポイントに設定する管理パスワードや, 認証・暗号化のための共有鍵は, 単純なものや, 無線 LAN のネットワーク識別子である SSID から類推できるものにしないよう, 注意が必要です. 加えて, 無線 LAN 以外の暗号化 (たとえば, SSL) などと組み合わせた通信の利用を心がけましょう.

5.4.7　情報機器の廃棄

　パソコン, 携帯電話・スマートフォン, DVD, あるいは USB メモリなどには, 個人に関する情報のほか, さまざまな情報が記録・保管されています. こうした機器を廃棄する際に, そのまま廃棄業者に依頼したり, 不燃物として廃棄したりした場合, 第三者にこれらの機器から情報を詐取される危険性があります.

　情報漏洩 (ろうえい) を防ぐためにも, こうした機器を廃棄する場合には, 事前にデータを消去しましょう. データの消去方法には以下のような方法があります.

● 　パソコン
　　専用のデータ消去ソフトなどを使うことで安全にハードディスクの消去が可能です. 信頼できるリサイクル業者を選んで廃棄を依頼することもできます.

---

[9] WPA2 にも, ある種の脆弱性が存在します. 最新バージョンは WPA3 です.

- 携帯電話・スマートフォン

  使用している機種によりますが，初期設定状態にする機能が付いている場合は，購入初期状態にしてから廃棄しましょう．携帯電話・スマートフォンは端末販売店で回収をしていることも多いので，そうした信頼できる事業者に廃棄を依頼するか，安全に廃棄できるリサイクル業者を選んで廃棄を依頼すると良いでしょう．

- DVD や CD-R などの外部記録メディア

  他のパソコンで読み込めないように，傷を付ける，もしくは物理的に壊すなどして不燃物として廃棄しましょう．

5.5　ネチケット

　インターネットで守るべきエチケットを，「ネチケット」と表現します．ここで紹介するネチケットは，インターネット上でトラブルを回避するための最低限の約束，と考えるべきでしょう．

　電子メールのやりとりにおいて守るべきネチケットは，次の項目です．
1. 相手の文化や状況を考える（特に海外の人たちとメールのやりとりを行う場合）
2. 差別用語や，誹謗・中傷のニュアンスがある用語は使わない
3. 公序良俗に反する内容は書き込まない
4. 脅迫的・感情的な表現とならないように気をつける
5. 他人のプライバシーを尊重する
6. 著作権侵害をしない
7. 無意味な遊びの送信をしない
8. 相手の迅速なレスポンスは期待しない．時間的な余裕を十分にもつ
9. 内容が一目でわかる件名をつけ，末尾には自分の署名を入れる
10. 個人宛の電子メールを転送するときは，元の発信者の許可を得る
11. メールを転送するときは，内容を改変しない
12. 添付するファイルの容量や，相手がそのファイルを読み取れるかを事前に考える

　電子掲示板やブログおよびそのコメント欄，Twitter 等での情報発信においては，次の項目を守ることが必要となります．
1. 書き込み先の運営方針，書き込みに関するルールを確認する
2. 過去の発言に目を通し，話の流れや雰囲気に配慮する

3. 発言する際には，その内容に責任を持つ意味でもハンドルネーム（書き込み者の
   ニックネーム）を記入する
4. ひとつの掲示板で複数のハンドルネームを使い分けない
5. 自分についても，他人についても，個人情報を公開しない．なぜならば，プライバ
   シー侵害や名誉毀損で法的に訴えられる原因となるからである
6. 差別用語や，誹謗・中傷のニュアンスがある用語は使わない．自分に対するそうい
   った発言には感情的に対応せず無視し，管理人等に削除を依頼する．
7. 宣伝を目的とした書き込みや広告行為などは，利用規定で認められていない限り
   行わない
8. 機種依存文字を使わない

5.6　参考文献・ホームページ

1. 柴田昭彦,「旗振り山」, ナカニシヤ出版, 2006.
2. 久野靖, 辰己丈夫, 佐藤義弘(監修),「キーワードで理解する最新情報リテラシー
   第 4 版」, 日経 BP 社, 2011.
3. 情報教育学研究会(IEC)情報倫理教育研究グループ,「インターネット社会を生き
   るための情報倫理」, 実教出版, 2008
4. 林幸助,「ちょっと待って, そのコピペ!著作権侵害の罪と罰」, 実業之日本社, 2008.
5. 情報セキュリティ標準テキスト編集委員会編,「情報セキュリティ標準テキスト」,
   オーム社, 2006.
6. 画像情報教育振興協会,「マルチメディアと情報化社会」, インプレスコミュニケ
   ーションズ, 2006.
7. 総務省,「国民のための情報セキュリティサイト」,
   http://www.soumu.go.jp/main_sosiki/joho_tsusin/security/, （参照 2019 年 3 月
   10 日）.

6. 表計算による表とグラフの作成

6.1 表計算の基礎

Microsoft Office Excel（以下 Excel と言う）は，表やグラフを比較的簡単に作成することのできるソフトウェアです．表計算と言うのは，数表（スプレッドシート）を作成し，それぞれの欄を足したり掛けたりして計算を行い，結果を別の欄に自動的に表示することができるという意味です．Excel では，数値データはもちろん，文字データ，さらには数式などが入力可能となっています．

これまで電卓で手計算し，その結果をもとに定規で表やグラフを作っていた作業が，このソフトウェアだけで極めて簡単に効率よく行うことができるようになりました．表計算以外にも，住所録などのデータベース作成および管理，あるいは様々なシミュレーション，などにも応用可能な汎用性の高いソフトウェアと言えます．

6.1.1 Excel の画面紹介とセルの選択

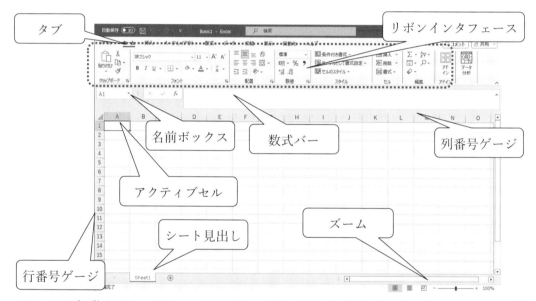

Excel が起動すると，Microsoft Office で用いられる「リボンインタフェース」が表示されます．画面の中央には，細かい縦横の格子で区切られた領域があります．この区画一つ一つのことを「セル」と言います．連続した横並びのセルを示すのに 1 から始まる「行番号」，縦並びのセルを示すのに A から始まる「列番号」を用います．特定のセルの位置を示すのに「A1」など列番号と行番号を組み合わせて表します．

マウスでクリックして選択したセルは太枠で示されますが，このセルのことを「アクティブセル」と言います．「名前ボックス」にはアクティブセルの位置が表示されます．セルには，文字列，数字，数式が格納できますが，セルの内容が数式の場合，計算

結果が表示されます. 数式自体は「数式バー」に表示されます.

　画面右下には「ズーム」があり, 表の表示倍率を変更することができます. うまくコントロールして使いましょう.

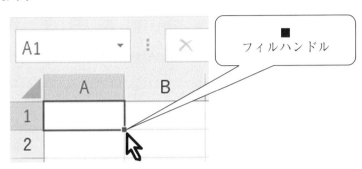

　アクティブセルは,「アクティブ」(選択状態・活動状態) になっているセルという意味で, その右下には小さな暗い色の四角形 (■) が表示されます. この四角形のことを「フィルハンドル」と言います. アクティブセルは, キーボードの矢印キー ($\boxed{\uparrow}$, $\boxed{\downarrow}$, $\boxed{\leftarrow}$, $\boxed{\rightarrow}$) で上下左右に動かすことができます. また, $\boxed{\text{Shift}}$ キーを押しながら矢印キーを使うと, 選択範囲を広げることができます.

　フィルハンドルに正確にマウスポインタを合わると, 十字のポインタ (✛) に変わります. ドラッグすると,「オートフィル」という機能が動作します. オートフィルは便利な機能ですが, マウス操作が少し難しいので注意して使いましょう.

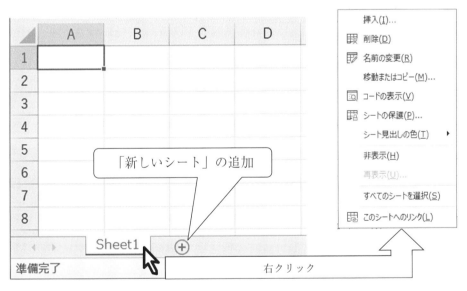

　画面下側には,「シート見出し」が表示されています. Excel では, Word のページや PowerPoint のスライドに相当するものとして「シート」があります. シートの名前を付け替えたいときには, シート見出しを右クリックし$\boxed{\text{名前の変更}}$を選択します. シー

ト全体を別の Excel ファイル（Excel では「ブック」と呼びます）に移動したりコピーしたりする時は，移動またはコピーを選択します．

6.1.2　セルへの文字入力

ここでは，セルに文字や数値を入力してみましょう．

	A	B	C	D	E	F	G
1	年	1950	1980	2010	2040	2070	2100
2	アフリカ	228670	480012	1049446	2100302	3394171	4467588
3	アジア	1404062	2642489	4194425	5154419	5187459	4780485
4	ヨーロッパ	549375	694207	737164	728823	680976	653261
5	南アメリカ	168918	364284	597562	757027	780997	712013
6	北アメリカ	172603	254414	342937	417193	467507	499198
7	オセアニア	12648	23005	36636	52572	64737	71823

こちらのデータは，国際連合経済社会局に属する Population Division が公表している 2017 年の World Population Prospects 2017[1]を元に作成したものです．

少し面倒ですが，同じように値を入力してみましょう．アクティブセルの場所に，入力した文字や数値が表示されます．

- Enter キー：値を入れて押すと，アクティブセルは下へ移動
- TAB キー：値を入れて押すと，アクティブセルは右へ移動

特に，横長の表を作るときは，TAB キーが大変便利なので，ぜひマスターしてください．

さて，たくさんの値を入力していくと，当然間違いが起きることもあるでしょう．このとき，間違った値を入力したセルに移動し，何かキーを押すと，<u>セルの値は，新しく入力したものに置き換えられます</u>．これは便利なようでもありますが，1 文字だけ値を直そうとしたのに，セルの中身が全部消えてしまい，面倒に思うこともあります．

こういった場合，修正したいセルに移動したあと，数式バーに着目しましょう．数式バーには，アクティブセルの内容が表示されます．この数式バーの中で，間違った文字をマウス等で選択し書き換えてみましょう．

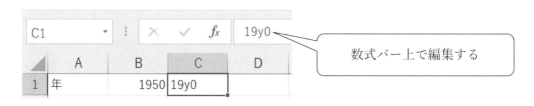

数式バー上で編集する

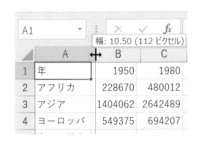

セルの高さや幅を調整する場合，行または列の番号が書かれている「行番号ゲージ」または「列番号ゲージ」の境界をドラッグします．また，境界をダブルクリックすると，自動でサイズ調整が行われます．

6.1.3 セルの書式設定

セルに設定することのできる書式には様々なものがありますが，良く使用するものについて以下の図に示します．

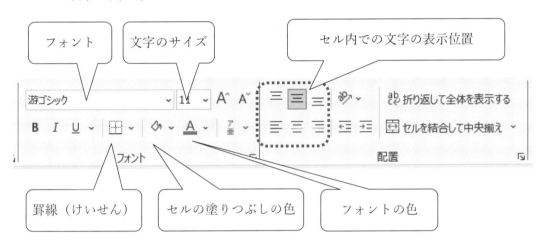

セル内での文字の表示位置の設定は，作成する表の見やすさに影響します．バケツのアイコンをクリックすると，セルの背景に色を塗ることができます．罫線の引き方については，以下で説明します．

6.1.4 セルの選択

ここでは，複数のセルを選択する操作について説明します．

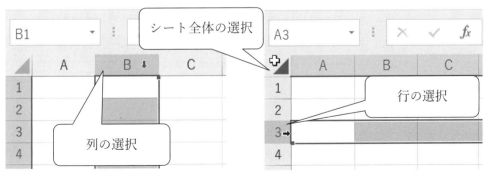

行全体または列全体を選択したいときには，行番号ゲージまたは列番号ゲージをクリックしましょう．縦または横にまとめて選択できます．シート全体を選択したいときは，一番左上に表示されたグレーの三角形の部分をクリックしましょう．シート全体のセルをまとめて選択することができます．

　次に，任意の領域のセルを選択してみましょう．下の図のように $\boxed{1}$ から $\boxed{2}$ の場所までまとめて選択したい場合です．他の操作の途中にこの操作を行う場合，操作が意外と難しいので，その操作方法についていくつか紹介します．

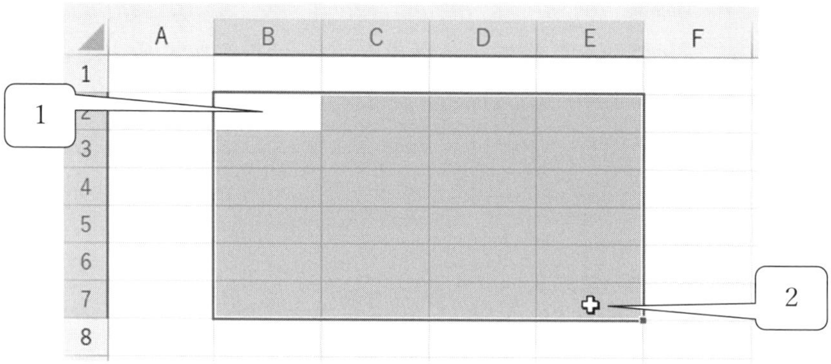

- $\boxed{1}$ の場所から $\boxed{2}$ の場所までマウスを使ってドラッグします．
  $\boxed{1}$ にマウスポインタを合わせ，マウスの左ボタンを押しっぱなしにします．そのまま $\boxed{2}$ までマウスを動かし，左ボタンから指を離します．アクティブセルの境界線上やフィルハンドル上にマウスポインタを合わせないよう注意してください．
- $\boxed{1}$ の場所をクリックしアクティブセルにします．$\boxed{\text{Shift}}$ キーを押しながら $\boxed{2}$ の場所をクリックします．選択するセルが多数あり，マウスで選択するには時間がかかる時などにお勧めの方法です．ぜひマスターしましょう．
- $\boxed{1}$ の場所をクリックしアクティブセルにします．$\boxed{2}$ の場所に向けて $\boxed{\text{Shift}}$ キーを押しながらキーボードの矢印キー（ $\boxed{\uparrow}$, $\boxed{\downarrow}$, $\boxed{\leftarrow}$, $\boxed{\rightarrow}$ ）を押して，アクティブセルの領域を拡大していきます．こちらもお勧めの方法です．

6.1.5　セルのコピー

　前節の方法で複数のセルを選択してから，文字列，数値あるいは数式を以下の三つの方法でコピーすることができます．場面に応じて次ページの三つの方法を使い分けることにより，Excel での作業が効率良く行えます．

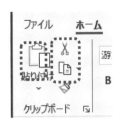

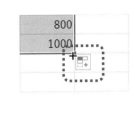

1. 「コピー」または
「切り取り」して
から「貼り付け」
る.

2. 編集の「フィル」
で上下左右にコ
ピーする.

3. マウスでフィル
ハンドル✚を操
作する.

6.1.6　罫線の描画

　セルの周囲に引く線のことを，罫線と言います．罫線は一つ一つのセルに対して指
定してもよいのですが，効率的ではありません．上述の複数セルの選択操作を行い，罫
線を引きたいセル領域を選択してから罫線描画を行ったほうが良いでしょう．

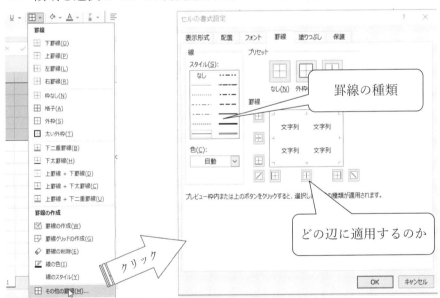

　罫線機能は，罫線ボタンにある▼ボタンをクリックしてメニューを表示し，いくつか
あるメニュー項目から適切なものを選んで設定します．罫線の細かな設定を行いたい
時は，メニューの一番下にある その他の罫線 を選択します．四角形のどの辺にどのよ
うな罫線引くのかなど細かく指定できます．

罫線を含む書式設定の練習として，作成した表を次のようにアレンジしてみましょう．

1. すべてのセルを選択し，文字列を「中央揃え」にします．
2. データ以外のセル（A列および1行目）を選択し，太字にします．
3. スタイルの テーブルとして書式設定 ボタンをクリックし，適切なテーブルスタイルを選択します．
4. 1950〜2100 のセルに色をつけます．

	A	B	C	D	E	F	G
1	年	1950	1980	2010	2040	2070	2100
2	アフリカ	228670	480012	1049446	2100302	3394171	4467588
3	アジア	1404062	2642489	4194425	5154419	5187459	4780485
4	ヨーロッパ	549375	694207	737164	728823	680976	653261
5	南アメリカ	168918	364284	597562	757027	780997	712013
6	北アメリカ	172603	254414	342937	417193	467507	499198
7	オセアニア	12648	23005	36636	52572	64737	71823

6.1.7 ファイルの保存

ここでは，Excel ファイルの保存について説明します．

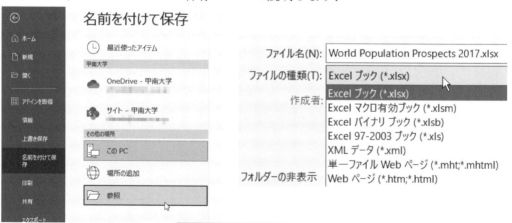

「ファイル」タブを選択し，名前をつけて保存ボタンをクリックします．「OneDrive」，「この PC」，「場所の追加」，「参照」の四択になっていますが，参照ボタンをクリックします．

次に，「名前を付けて保存」ダイアログボックスの「ファイル名」にファイルの名前を入力してください．なお，「ファイルの種類」は Excel ブック(*.xlsx) が選択されてい

ることを確認しておいてください．xlsx 形式が，Excel の標準ファイル形式となります．

6.1.8　セルを使った計算

それでは，セルを使って様々な計算を行ってみましょう．最初に，セルに計算式を書き込んでみましょう．ただし，普通に「3+4」と入力しただけでは何もおきません．数式としては扱われず，文字列として表示されているだけです．

Excel に計算をさせるには，（かな漢字変換を止めて）先頭に半角のイコール記号（＝）をつけてから式を入力します．

「=3+4」と入力し Enter キーで改行すれば，計算が行われ 7 が表示されます．このとき，=3+4 は消えてしまったわけではありません．7 と表示されたセルを改めて選択すると，数式ボックスには「=3+4」と表示されています．つまり，セルの中には数式「=3+4」が入っているものの，セルには計算結果である 7 が表示されている状態であることがわかります．

ここで，Excel で使用できる算術記号について確認しておきます．Excel で算術記号を入力するときは必ず半角英数字で入力しましょう．

計算種類	数学の記号	Excel への入力（半角）
足し算	＋	＋
引き算	－	－
掛け算	×	＊
割り算	÷	／
べき乗	x^2, x^3, …	＾（例：x^2）

掛け算や割り算などの記号が，数学で使用するものとは違っていますので注意が必要です．

6.1.9 セルの参照による計算

前節では，計算に用いる数値（3 と 4）を数式に直接入力し計算しました．小学校の算数を卒業し，中学校の数学を学習するにつれ，急激にその応用範囲が広がったのをだれもが体験したことでしょう．その主な要因は，変数を用いた数式で問題を解くことができるようになったため，だと言えるでしょう．

ROUND	▾	⋮	×	✓	f_x	=B4/C4	
	A	B	C	D			
1							
2		3+4					
3		7					
4		104348	33215	=B4/C4			

Excel では，変数xやyの代わりにセル参照 A1 や E5 などを用います．たとえば，以下のような計算式を入力してみましょう．

1. セルを一つ選び（上図では B4）104348 と入力します．
2. その隣のセル C4 に 33215 と入力します．
3. セル D4 に「=」を入力します．
4. 104348 が表示されているセル B4 をクリックします
   - セル D4 の表示が「= B4」と変化します
5. 引き続き，「／」を入力します
   - セル D4 の表示が「= B4/」と変化します
6. 33215 が表示されているセル C4 をクリックします
   - セル D4 の表示が「= B4/C4」と変化します
7. Enter キーを押します

お気づきだとは思いますが，この割り算はπの値を近似する分数（ディオファントス近似）のうちの一つを計算したものです（なんと，小数点以下 9 桁まで合っています）．試しに，セル B4 に 355，セル C4 に 113 を入力してみてください．小数点以下 6 桁まで再現する近似分数の計算ができました．同様に，セル B4 に 22，セル C4 に 7 を入力してみてください．

今回は，セルを参照する際にクリックして選択しましたが，キーボードから数式を直接入力しても OK です．つまり，セル D4 にいきなり「= B4/C4」と入力しても，正しく計算が行われるということです．

参照を使った計算は表計算ソフトウェアの要^{かなめ}ですので，ぜひ使いこなしてください．

6.1.10 オート SUM による計算

クリックによって場所を指定すれば，数式でたいていの計算はできてしまいそうな気がしますが，次のような場合はどうでしょうか．

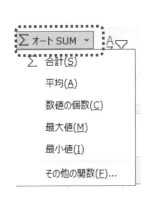

1. 合計を表示したいセルを選択します．

2. リボンインタフェースの「編集」グループにある，Σオート SUM ボタンをクリックします．

3. オート SUM により，合計を計算する範囲が示されますので，それで OK ならば Enter キーを押します．

　左側の表には，数字が 1 から 9 まで並んでいます．これらの値の合計を求めるには，どうすれば良いのでしょうか．一つ一つのセルをクリックするか，あるいは数式そのものをキーボードから入力し，「=A1+A2+A3+A4+A5+…」などと式を書き込んでいけば一応計算はできます．セルの数が 9 個ならまだしも，100 個にもなると数式の入力が大変になります．また，クリックや入力の間違いから計算ミスを起こす可能性も増えていきます．

　こういった場合には，「オート SUM」と呼ばれる機能を使います．オート SUM は，自動で合計を計算する機能ですが，合計以外にもいくつか機能を選択できます．オート SUM の Σ ボタンの右側にある ▼ ボタンをクリックすると，平均など適用できる計

算機能が表示されます．

オート SUM の計算を実行したとき，いったいどんな計算が行われているのでしょうか．上図のように，合計値を表示するセル A10 には，見慣れない数式「=SUM(A1:A9)」が表示されています．これは関数と呼ばれるものです．

以下では，関数の使い方についても紹介しますが，オート SUM により関数の知識がなくとも合計などが簡単に計算できることを理解しておきましょう．

6.1.11 オートフィル

オートフィルは，表計算ソフトウェアの特徴的な機能の一つです．早速使ってみましょう．あるセルに以下の表の「最初のセル」にある曜日や日付などを入力し，フィルハンドルを操作するだけで，続きのデータが自動で連続入力される機能です．

最初のセル	自動で連続入力されるもの
月	火, 水, ・・・
月曜日	火曜日, 水曜日, ・・・
SUN	MON, TUE, ・・・
1月	2月, 3月, ・・・
1月1日	1月2日, 1月3日, ・・・
子	丑, 虎, ・・・
1:00	2:00, 3:00, ・・・
第1	第2, 第3, ・・・

6.1.11.1 数値や日付などのオートフィル

アクティブセルの右下には，フィルハンドルと呼ばれる暗い色の四角形（■）が表示されています．オートフィルは，このフィルハンドルをドラッグすることにより実行されます．上表のような特定の内容がセルに記入されている場合，オートフィルを行うとセルごとに内容が自動で更新され入力されていきます．

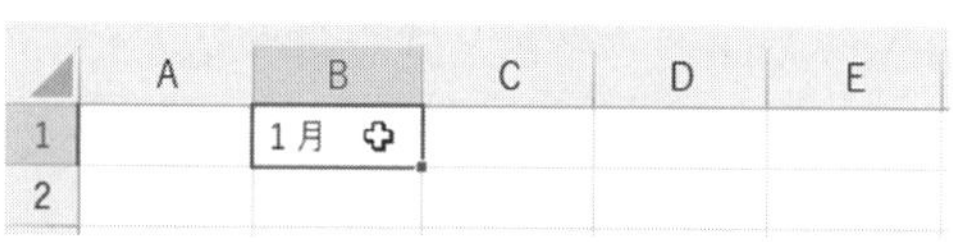

1. B1 のセルに「1月」と入力します．

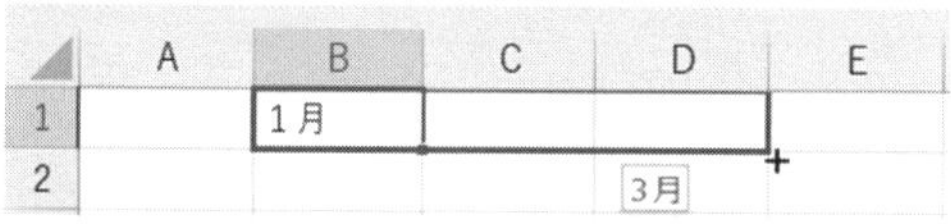

2. フィルハンドルをドラッグし，マウスを右のほうに持っていきます．フィルハンドルの真上では，マウスポインタが╋字型に変化することに注意してください．

110

3. マウスの左ボタンから指を離すと，1
月～3 月までの値がセルに入力されま
した．

通常は，二つの連続したセルへそれぞれ数値（たとえば 1 と 2）を入力しておき，こ
れら二つのセルをまとめて選択してアクティブセルにします．この状態でフィルハン
ドルを使用してドラッグすると，二つのセル間の増分を反映して値が増えて（あるい
は減って）いきます．

1. A1 と A2 の両方
のセルを選択し，
フィルハンドル
にマウスポイン
タを合わせます．

2. A9 のセルまでド
ラッグします．

3. マウスの左ボタ
ンから指を離す
と，数値を増やし
ながらコピーでき
ます．

数値の増分は常に一定です．たとえば，1, 3, 5, …といった組み合わせや 100, 200, 300,
…といった組み合わせなど，最初の 2 つの値の組み合わせを作っておけば，入力の手
間を省き，ミスの機会も減らすことができます．また，以下のように複数の増分を一括
して増やすこともできます．

6.1.11.2 参照による数式のオートフィル

　「6.1.5 セルのコピー」で述べたように，文字列や数値に加え数式も三つの方法でコピーすることができます．ここでは数式のオートフィルについて説明しますが，数式のオートフィルに慣れることのほうが重要なポイントとなります．

1. A1〜B3までの数値を入力したあと，C1に数式「=A1/B1」を入力し Enter キーを押します．

2. もう一度 C1 を選択し，フィルハンドルにマウスポインタを合わせてC3までドラッグします．

3. マウスの左ボタンから指を離すと，結果が表示されます．数式は「=A3/B3」に変化しています．

　参照による数式の計算結果をオートフィルすると，オートフィル先でも同様の計算が行われます．複数のセルにおいて同じ計算をする必要があるときは，最初の一回だけ数式を丁寧に入力し，あとはオートフィルを使ってコピーすれば完了です．

　便利な機能なので，ぜひマスターしましょう．ただし，オートフィルを用いると，数式によっては間違った計算が行われてしまうことがあります．これに関しては，後の「6.2.2.1 相対参照と絶対参照」の節で詳しく解説します．

6.2　表計算を使いこなす

6.2.1　表の体裁の管理

ここでは，少し手の込んだセルの設定について紹介します．

Excel ではセルは最小単位の要素なので，一つのセルを分割して二つにすることはできません．逆に，セルどうしをくっつけて結合することは可能です．一般的には，表はあらかじめ細かく作っておいて，必要な部分を結合してくっつけて，見た目が一つのセルになるようにします．

セルどうしを結合するには，「ホーム」タブの「配置」グループの中にある セルを結合して中央揃え ボタンをクリックします．セルの結合を解除するには，セルを結合して中央揃え ボタンの右にある ▼ ボタンをクリックし，セル結合の解除 を選択します．

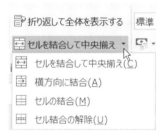

	A	B	C
1	学校教育	学校	呼び名
2	初等	小学校	児童
3	中等	中学校	生徒
4		高等学校	
5	高等	大学	学生

1. 中学校と高等学校の学校教育法[2]における教育段階および在籍者の「呼び名」は同じなので，セルを結合してみます．

2. セル A3 と A4 を選択したあと，「配置」グループの セルを結合して中央揃え ボタンをクリックします．セル C3 と C4 についても同様の操作を行います．

次に，一つのセルの中で改行する方法について紹介します．折り返して複数行を表示したいセルがあれば，「配置」グループの 折り返して全体を表示する ボタンをクリックします．ただし，この，折り返して全体を表示する ボタンでは，改行の位置を自由にコントロールできません．

希望の位置で改行するためには，下図の手順のように数式バー上に文字列を表示し，改行したい位置にマウスポインタを合わせクリックします．次に，Alt キーを押しながら Enter キーを押して改行します．

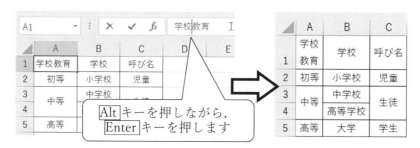

改行位置等が設定できたら，セルのサイズを調整すれば上図のような表を作成することができます．

6.2.2　Excel を使った応用計算

ここでは，前節までに解説した基礎的な表計算機能を使いながら，より応用的な計算を行ってみます．

6.2.2.1　相対参照と絶対参照

「6.1.11.2 参照による数式のオートフィル」の節で，参照を使った数式を，オートフィルを用いてコピーしてみました．参照を使った計算は応用範囲が広いのですが，時々，思ったような計算ができないことがあります．ここでは，うまく行かない例を示し，どのようにすれば正しい計算が行えるのかについて考えてみます．

- 相対参照

  普通に数式を入力すると，Excel は相対参照で計算を行います．相対参照では，コピーとともに参照先のセルが変化します．「6.1.11.2 参照による数式のオートフィル」の例において，三つの異なる近似分数が瞬時に正確に計算できたのは，相対参照のおかげです．ところが，この三つの割り算を右にコピーするとおかしなことが起こります．

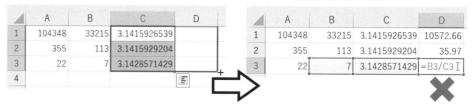

上図でもお分かりのように，1 列右側にコピーした結果，B 列の数値を C 列の数値で割る数式となってしまいました．

114

● 絶対参照

このような計算間違いを避けるには，どのようすれば良いのでしょうか．数式をコピーしても同じセルを使って計算を行いたい場合，絶対参照を用います．絶対参照では，セル参照に「$」記号を付けます．たとえば，「A1」を「$A$1」などに書き換えます．

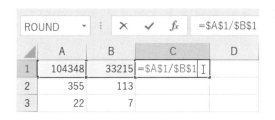

1. 「=A1/B1」を「=$A$1/$B$1」に書き換えてみます．

2. 問題なく割り算できたようです．次に，この数式を下のセルにコピーしてみます．

3. なぜか，すべて同じ値になってしまいました．3 行目の数式を確認すると 1 行目と全く同じものとなっています．

このような現象を回避するため，絶対参照の書き方を変えてみます．実は，セル参照の列番号あるいは行番号それぞれ別々に「$」記号をつけることができます．たとえば，「A1」を「$A1」「A$1」「$A$1」のどれかに書き換えることができます．それぞれ，「$」記号のついたところだけ番号が固定されます．

1. コピーの際，行番号を変化させるため，列番号 A, B の前のみに $ 記号をつけてみます．

2. 下にコピーした結果，それぞれの近似分数が正しく計算できました．3 行目は，「=$A3/$B3」となっています．

115

	A	B	C	D
1	104348	33215	3.1415926539	3.1415926539
2	355	113	3.1415929204	3.1415929204
3	22	7	3.1428571429	=$A3/$B3

3. 右にコピーしてみましたが，問題なく計算できています．

このように，絶対参照を使用する際には数式が正しくコピーされているかどうかのチェックが必要となります．しかしながら，絶対参照を利用すれば Excel での作表の応用範囲がぐっと広がりますので，ぜひ利用してみましょう．たとえば，米国でレンタカーを借りると，速度計は mph（miles per hour）表示になっています．

	A	B	C	D	E	F	G	H	I	J	K	L	M
1	1.6092	km/h	10	20	30	40	50	60	70	80	90	100	
2	0	mph	16.1	32.2	48.3	64.4	80.5	96.6	112.6	128.7	144.8	=$A$1*L1+$A$2	

そこで，ドライブに便利なように mph と km/h の速度の換算表を上図のように作成してみました．世の中には $y = ax + b$ で表される関係がたくさんありますので，このような表を一つ作っておけば，たとえば摂氏（℃）と華氏（℉）の間の換算などにも用いることができます．

6.2.2.2　様々な関数の利用

「6.1.10 オート SUM による計算」で目にした関数を，ここではしっかり使ってみることにしましょう．とはいっても，コンピュータのプログラミングのような複雑なアルゴリズム（算法）を理解する必要はありません．

それでは，サイコロを 5 回振って出た目の平均値を計算してみましょう．ただし，ここでは Σオートサム▼ ボタンは使用しません．

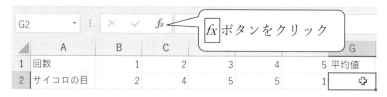

上図では，平均値を表示するセルを選択しています．次いで，数式ボックスの左側に表示されている，fx ボタンをクリックします．fx ボタンをクリックすると，「関数の挿入」ウィザードが起動します．これは，Excel と対話的にやり取りをしながら，計算するための関数を見つけたり，計算範囲を指定したりするものです．

ウィザードが起動したら，「関数の検索」を行います．このテキストボックスにキーワードとして「平均」と入力してみましょう．検索開始 ボタンをクリックすると検索

が行われ，関数の候補が表示されます．ただし，候補の順番には意味がありません．良く知っている関数が上のほうに表示される，などといったことはありません．

　関数が表示されたら，使えそうな関数をクリックすると説明を読むことができます（もっと詳しく関数の機能を知りたい人は，「この関数のヘルプ」をクリックしてみてください）．使用する関数として AVERAGE を選択し OK ボタンをクリックします（AVERAGE が正しい関数なのかどうかを確かめたい人は，Σオートサム ボタンの横にある ▼ ボタンをクリックして平均値を求めてみてください）．

　次いで，「関数の引数」を設定する画面が表示されます．引数とは，どのセル範囲について処理するのかといった，関数に引き渡す数値やセルへの参照のことです．

　今回の AVERAGE 関数については，サイコロの値の平均値を計算するセル範囲が自動的に表示され，関数を実行する前に「数式の（計算）結果」が表示されています．このセル範囲で正しい場合は，OK ボタンをクリックします．セル範囲が間違っている場合は，平均を計算したいセル範囲を再度ドラッグして領域を指定します．あるいは，「数値 1」と書かれたテキストボックスの値を訂正してもかまいません．

OK ボタンをクリックすると，指定したセルに AVERAGE 関数が組み込まれ，同時に計算結果が表示されます．確率的なサイコロの目（1〜6）の期待値は 3.5 ですので，期待値に近い平均値が得られました．

G2		▾	⋮ × ✓ f_x	=AVERAGE(B2:F2)			
	A	B	C	D	E	F	G
1	回数	1	2	3	4	5	平均値
2	サイコロの目	2	4	5	5	1	3.4

6.3　Excel におけるグラフの作成と編集

ここでは，Excel でグラフを作成する方法について学びます．気象庁が公表している 2017 年の月別の降水量と平均気温のデータ[3]を使い，様々なグラフを作成してみましょう．読み取ってほしい傾向や特徴をどのようなグラフを用いて再現するのかについては，「7.14.1　グラフを用いたスライド作成のポイント」を参考にしてください．選んだ測定地点は，青森，東京，神戸，鹿児島の 4 地点です．

項目	地点	1月	2月	3月	4月	5月	6月	7月	8月	9月	10月	11月	12月
降水量の合計(mm)	青森	84	109	74	48	36.5	97.5	173.5	120.5	108	167	200.5	169.5
	東京	26	15.5	85.5	122	49	106.5	81	141.5	209.5	531.5	47	15
	神戸	32	43.5	32	124	64	158.5	77.5	69.5	186	338	44	27
	鹿児島	34	83.5	139.5	396	158	476.5	229	139	337.5	141.5	110.5	29
平均気温(℃)	青森	-0.4	0.2	2.6	9.7	15.1	16.9	24.0	22.0	19.1	12.7	6.6	0.2
	東京	5.8	6.9	8.5	14.7	20.0	22.0	27.3	26.4	22.8	16.8	11.9	6.6
	神戸	6.3	6.4	9.2	15.6	20.7	22.5	28.2	29.1	24.5	18.9	12.9	7.2
	鹿児島	9.0	9.2	11.6	17.5	21.1	23.3	29.2	29.7	25.7	22.4	15.3	8.7

なお，グラフの各部分の名称は下図のようになっています．

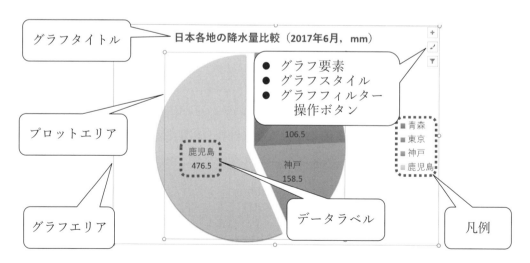

6.3.1 円グラフの描画と項目軸ラベルの設定

まずは，4 地点の 6 月における降水量の合計について，円グラフを描いてみましょう（4 地点の平均気温を円グラフで比較することには意味がありません．各自理由を考えてみてください）．

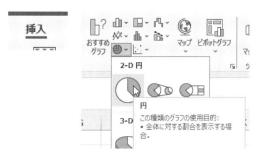

1. グラフを描画する対象として，6 月の列の H2〜H5 を選択します．

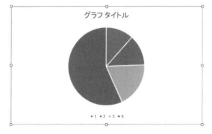

2. 次いで，「挿入」タブの円またはドーナッツグラフの挿入ボタンをクリックし，現れたメニューから「2-D 円」の円ボタンを選択します．

3. グラフがシート（sheet）上のオブジェクトとして貼りつきます．

4. 「グラフのデザイン」タブと「書式」タブが現れます．

グラフが表示されると，リボンインタフェースにはル「グラフのデザイン」タブと「書式」タブが並んでいます．これらの追加されたタブを使うときは，「グラフのデザ

119

インデザイン」→「書式」の順番に作業していくことで，スムーズにグラフの作成ができます．

　「グラフのデザイン」タブは，大まかにグラフの体裁を整え，タイトル等の書式を簡単に設定する機能が集まっています．まず，「グラフのデザイン」タブでできることを済ませてから，次のステップに進みましょう．

　円グラフの「1」〜「4」という番号は，「横（項目）軸ラベル」の部分が表示されています．データの選択ボタンをクリックし，「横（項目）軸ラベル」の編集ボタンをクリックすると，「軸ラベル」ダイアログボックスが開きます．項目に割り当てたい名称のセル（B2〜B5）をマウスで選択すると「青森」〜「鹿児島」の地点名が入力されます．最後にOKボタンをクリックすると，円グラフの表示が更新されます．

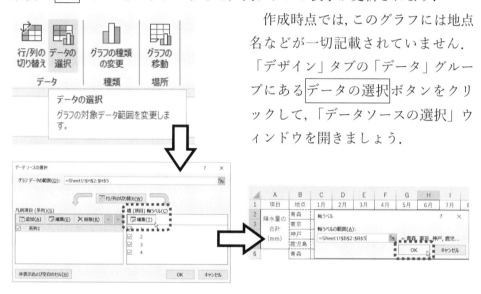

　作成時点では，このグラフには地点名などが一切記載されていません．「デザイン」タブの「データ」グループにあるデータの選択ボタンをクリックして，「データソースの選択」ウィンドウを開きましょう．

　また，グラフの見た目を簡単に設定するには，「デザイン」タブの「グラフのレイアウト」グループにあるクイックレイアウトボタンをクリックして，レイアウト 1〜レイアウト 7ボタンをクリックします．「グラフタイトル」や「データラベル」の追加は，同じグループのグラフ要素の追加ボタンをクリックしてください．

　円グラフの特徴として，円の一部を切り離して表示するという機能があります．円グラフをクリックし，さらに構成する扇形のうち切り離したいものを選択した上で外側へドラッグすることにより行えます．

右のグラフは「3-D 円」で描画したものを，「グラフスタイル」のうち スタイル4 を選択し， クイックレイアウト の レイアウト 4 を選択してデザインしたものです．さらに グラフ要素の追加 ボタンをクリックして「グラフタイトル」を追加しています．最後に，鹿児島の扇形を切り離して完成です．

6.3.2　折れ線グラフの描画と系列名・軸の設定

次に，各地の 1 年間の気温変化を折れ線グラフにしてみましょう．

1. グラフを描画する対象として，B6〜N9 を選択します．

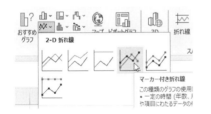

2. 次いで，「挿入」タブの 折れ線／面グラフの挿入 ボタンをクリックし，現れたメニューから「2-D 折れ線」の マーカー付き折れ線 ボタンを選択します．

3. グラフがシート上のオブジェクトとして貼りつきます．

4. 「グラフのデザイン」タブと「書式」タブが現れます．

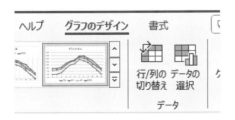

作成されたグラフを見ると，一見，月の番号が表示されているように見えますが，単

にデータの順番が表示されているだけです.

　折れ線グラフ横軸の「1」～「12」という番号は,「横（項目）軸ラベル」の内容が表示されています.「横（項目）軸ラベル」の編集ボタンをクリックすると,「軸ラベル」ダイアログボックスが開きます. 項目に割り当てたい名称のセル（C1～N1）をマウスで選択すると「1 月」～「12 月」の月の名前が入力されます. 最後に OK ボタンをクリックすると, 折れ線グラフの表示が更新されます.

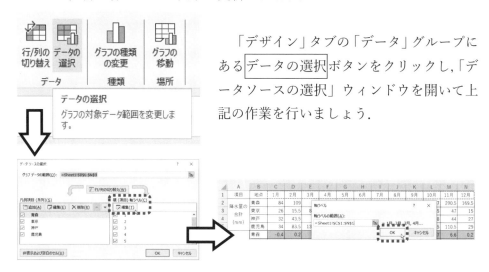

　「デザイン」タブの「データ」グループにあるデータの選択ボタンをクリックし,「データソースの選択」ウィンドウを開いて上記の作業を行いましょう.

　続いて, 縦軸の数値範囲を変更します. 縦軸の数値の部分を一旦クリックしてから, 再度右クリックしてプルダウンメニューを表示します. 次に,

1. メニューの一番下にある軸の書式設定を選択します.
2. 「軸の書式設定」ダイアログボックスが右端に表示されたら,「軸のオプション」の「最大値」を 30 に変更します（月平均気温の全データが 30 未満になっていることを, 事前に確認しておきます）.
3. さらに, マーカーの種類や大きさを見やすいよう変更し, 折れ線グラフの完成です.

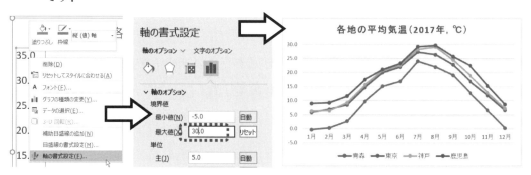

6.3.3　複合グラフの作成と第2軸の設定

　同じ表を使って，最後に複合グラフを描いてみます．小学生の時からおなじみの，各地の降水量と月平均気温グラフ（雨温図）です．

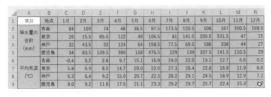

1. 最初に，複合グラフを描く対象として表全体の領域を選択します．

2. 次いで，「挿入」タブの 縦棒／横棒 グラフの挿入 ボタンをクリックし，現れたメニューから「2-D 縦棒」の 集合縦棒 ボタンを選択します．

3. グラフがシート上のオブジェクトとして貼りつきます．すべての要素が自動的に設定されています．

4. 「グラフのデザイン」タブと「書式」タブが現れます．

　グラフが表示されるとわかるのですが，この棒グラフには 2 種類のデータが存在しています．降水量（mm）のデータおよび月平均気温（℃）のデータです．当然のことながら，単位が違うので月平均気温のほうはグラフ上では確認しづらくなっています．ここでは，新しい軸を導入したあと，折れ線グラフでこれら月平均気温のデータを示すことにより，変化がはっきり分かるようにします．

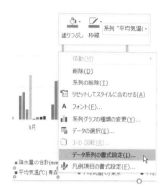

1. まずは，月平均気温について，新しい軸を与えます．凡例の中の「平均気温(℃) 青森」を選択し，右クリックします．プルダウンメニューに データ系列の書式設定 が表示されるので，選択します．

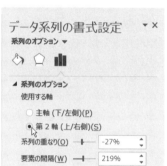

2. 表示された「データ系列の書式設定」ダイアログボックスの「系列のオプション」表示の下に，「使用する軸」という項目があります．これを「第2軸」にセットします．これで，「平均気温(℃) 青森」は，グラフの右側に表示される軸と対応するようになります．東京，神戸，鹿児島についても同様に設定します．

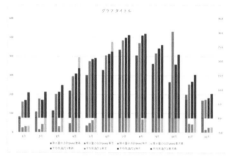

3. 割り当てが終わった状態が左のグラフです．残念ながら，色々なものが重なり合って，よくわからない状態です．

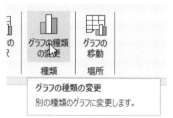

4. そこで，月平均気温は折れ線グラフで表示されるよう変更しましょう．「デザイン」タブの「種類」グループにある グラフ種類の変更 ボタンをクリックして，「グラフ種類の変更」ダイアログボックスを開きます．

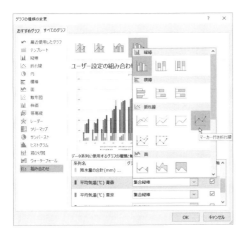

5. 「グラフの種類の変更」ダイアログボックスの「データ系列に使用するグラフの種類と軸を選択してください」のリストにある「平均気温(℃) 青森」の「集合縦棒」をクリックします．

6. メニューの中の「折れ線」グループにある「マーカー付き折れ線」ボタンをクリックし，折れ線グラフに変更します．東京，神戸，鹿児島についても同様に設定します．4 つの月平均気温グラフの種類を変更したら，OK ボタンをクリックします．

　複合グラフを作成したあと，線の太さ，マーカーや文字の大きさなどを調整したものが以下のグラフです．一応，これで完成とします．

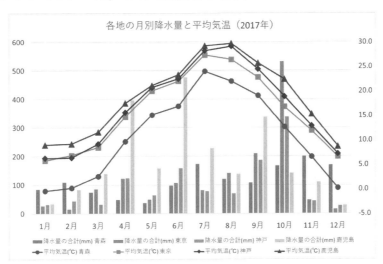

6.4　参考文献・ホームページ

1. "World Population Prospects 2017"，United Nations，
   https://population.un.org/wpp/，（参照 2019 年 3 月 11 日）
2. 「電子政府の総合窓口 e-Gov イーガブ」，総務省行政管理局，
   http://elaws.e-gov.go.jp/，（参照 2019 年 3 月 11 日）
3. 「気象庁｜過去の気象データ検索」，気象庁，
   http://www.data.jma.go.jp/obd/stats/etrn/，（参照 2019 年 3 月 11 日）

7. プレゼンテーションの作成

PowerPoint 基本操作編

7.1　PowerPoint をつかってみよう

7.1.1　PowerPoint の起動と基本画面

　ここでは，プレゼンテーションソフトウェアである PowerPoint の使い方について学びます．プレゼンテーションソフトウェアとは，文章だけではなく，イラストやグラフを組み込んだプレゼンテーション用スライドを作成するためのソフトウェアです．

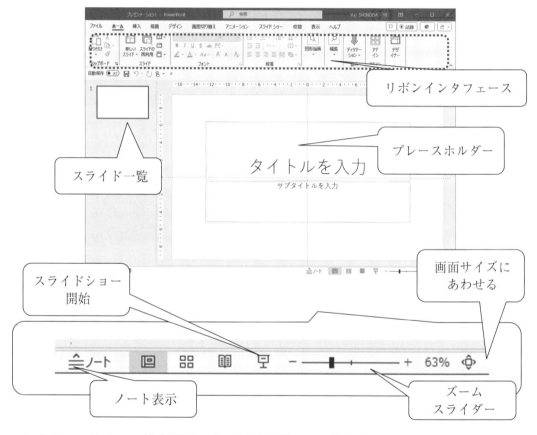

　これが PowerPoint の基本画面です．画面上部には，「リボンインタフェース」があります．画面左側には「スライド一覧」が表示されており，「表示」タブのボタンをクリックすることでアウトライン表示に切り替えることもできます．画面中央が「スライド操作画面」，画面下部には，「ノート」が隠れています．ノートは，発表時のコメントやメモを書き込む，プレゼンテーション・スライド作成のサポート用途に使います．

　画面の下部右側には，画面表示を切り替えるボタンと「ズーム」スライダーがあります．標準では，ウィンドウサイズにあわせ，スライド操作画面の倍率は自動で変更され

ますが，ズームを使った後など，再び自動設定に戻す際には，一番右側の「画面サイズに合わせる」ボタンをクリックします．

7.1.2　プレゼンテーションファイルの保存

PowerPoint のプレゼンテーションファイルを保存します．他のオフィスのソフトウェアと同じく，左上のファイルタブから保存画面にアクセスします．

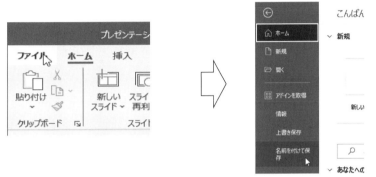

保存時には，ファイルの形式が「PowerPoint プレゼンテーション(*.pptx)」となっていることを確認してから，保存してください．

7.1.3　スライドショーの実施

スライドショーは，画面全体を使ってプレゼンテーションを実施するモードです．画面右下から，あるはスライドショータブから開始します．

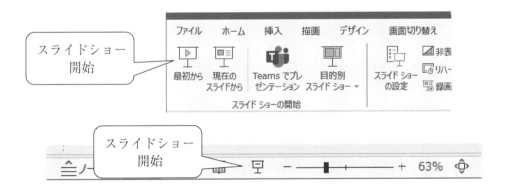

スライドショーを行っている最中に，マウスの右クリックによりプルダウンメニューを呼び出すこともできます．プレゼンテーションの聴衆に要点を伝える際などに，ぜひ次ページの図の機能を使いこなしてみてください．

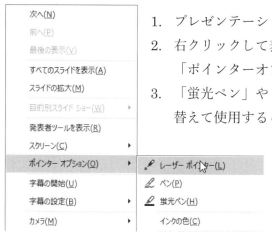

1. プレゼンテーションを開始します.
2. 右クリックして表示されるプルダウンメニューより,「ポインターオプション」を選択します.
3. 「蛍光ペン」や「レーザーポインタ」等,機能を切り替えて使用することができます.
4. 「ヘルプ」を選択すると,操作一覧が確認できるので,チェックしておきましょう.

7.2 スライド作成の概要

7.2.1 スライドの作成手順

PowerPoint でプレゼンテーションのためのスライドを作成するには,次の 4 つのステップに沿って作業することをおすすめします.

1. 挿入・作成するスライドの形式を決める

   普通のスライド,タイトルのスライド,白紙等を選択します.

2. 文章を書き込む

   スライドに最初から表示されているテキスト入力ボックス(プレースホルダー)に文章を書き込んでいきます.プレースホルダーは,箇条書き機能などが強化された特別なテキスト入力ボックスです.

3. 位置の調整,図形の書き込み

   プレースホルダーの位置を調整したあと,図形を書き込んでいきます.

4. アニメーションを組み込む

   スライドに動きを与えるアニメーション機能を組み込みます.

この手順に従うことで,箇条書きの書式設定等が楽になるだけではなく,テーマを適用した際の体裁の崩れを最小限に抑えることができるなど,多くのメリットを享受できます.

7.2.2 スライドの追加

新しくスライドを追加するには,画面左側の作成済み「スライド一覧」を右クリック

し新しいスライドを選択する方法と，リボンインタフェースの新しいスライドボタンを使う方法の2種類があります．

1. 新しいスライドボタンをクリックすると，「タイトルとコンテンツ」タイプのスライドが自動で挿入されます．

2. 新しいスライドボタンは，上下 2 段に分かれた構造になっています．下側をクリックすると，登録されているスライドの一覧から作成するスライドを選択できます．

3. スライド一覧の右クリックからでもスライドを追加できます．

4. スライドの複製をクリックすると，選択中のスライドのコピーをワンタッチで挿入できます．

便利に使えるのがスライドの複製メニュー項目です．ぜひ覚えておいてください．

7.2.3　スライドのレイアウト変更・リセット

　一度作成したスライドの体裁を，再度変更することもできます．リボンインタフェースの「スライド」グループの右上より，スライドのレイアウト，リセット，セクションの順番にボタンが並んでいます．作成済みのスライドについては，レイアウトボタンをクリックすることにより，再度体裁を変更することができます．また，タイトルが消えてしまったり，プレースホルダー（「7.1.1 PowerPoint の起動と基本画面」の図を参照してください）の箇条書きが消えてしまったりした時など，入力内容を保持したまま体裁のみをリセットしたい場合には，リセットボタンをクリックします．

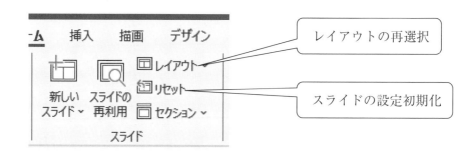

レイアウトの再選択

スライドの設定初期化

7.3 プレースホルダーと箇条書き

ここでは，PowerPoint の大変便利な仕組みである，プレースホルダーの使い方，および，プレースホルダー内に箇条書きで文字を入力する方法を学びます．

プレゼンテーションの資料は，箇条書きで書くのが基本です．PowerPoint では，簡単に箇条書きの文を作ることができるよう工夫されています．ここではまず，「タイトルとコンテンツ」の新しいスライドを挿入してから，箇条書きを入力してみることにしましょう．

「タイトルとコンテンツ」のスライドをセットすると，スライドの上部に「タイトル」のスペースが確保され，中央にテキストや図表を扱うための「コンテンツ」スペースが表示されます．これらのスペースが，プレースホルダーです．それでは，プレースホルダーをクリックし，箇条書きを入力してみましょう．

箇条書きのプレースホルダー内では，Tab キーを押すと箇条書きの階層が下がり，Shift＋Tab キーを押すと，階層が上がります．

階層の上げ下げにともない，自動で文字サイズなどが調整されます．箇条書きの印（「●」）の形が自動的に変わる場合もあります．この機能は大変便利ですが，操作する際にカーソルが行の先頭に位置しなければ使うことができません．また，バックスペースで文字列を修正した際に，箇条書きのドットが消えてしまった際には，操作できなくなってしまいます．

箇条書きのドットが消えてしまった時は，次の方法をとってください．

132

1. 箇条書きが残っている行の末尾で Enter キーを
   押す
   前の行などに箇条書きの印が残っている場合, そ
   の行で Enter キーを押します. 新しい行には,
   箇条書きの印が復活します.
2. スライドのレイアウトを「リセット」する
   箇条書きの全ての印が消えてしまっている場合
   は, リセット ボタンをクリックします.

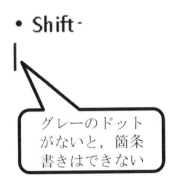

グレーのドット
がないと, 箇条
書きはできない

7.4 オブジェクトの挿入と描画

PowerPoint では, 様々なオブジェクトを組み込むことができます. 表やグラフなど
を総称して, オブジェクトと呼んでいます. プレースホルダーをクリックしても図表
を挿入することはできますが, スライドの中央に大きな図表がひとつ描かれるだけに
なってしまいます. ここでは,「挿入」タブをクリックしてリボンインタフェースのボ
タンを切り替え, プレースホルダーとは別に図表を挿入する方法について説明します.

7.4.1 表やグラフの挿入

7.4.1.1 PowerPoint で描く

PowerPoint から直接グラフを描画する場合は, 次の手順で行います.

1. 挿入タブの グラフ をクリックし, グラ
   フの形態を選択します.

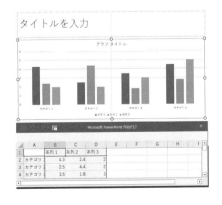

2. グラフが挿入され, グラフの元になる
   データの表も表示されます.
3. 表の中を書き換えたり, 表の選択領域
   を調整したりして, グラフを目的のも
   のになるように整えます.

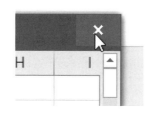

4. 編集が終わったら，表の右上の×をクリックします．

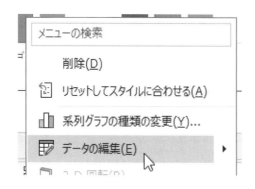

5. 再度データを編集してグラフを再描画したい場合は，グラフを右クリックして「データの編集」を選択します．

7.4.1.2 Excel や他のソフトで描く

レポート報告とプレゼンテーションを組み合わせた発表，といった場合には，Excelで表とグラフを作成したほうが好都合といった場面もあるでしょう．作った Excel の表やグラフを PowerPoint に埋め込む方法について以下に確認します．

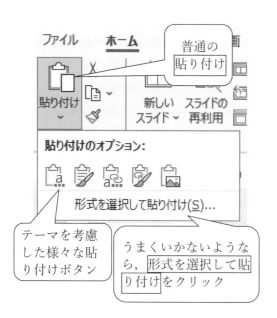

1. Excel でコピーしたグラフをPowerPoint に貼ります．
2. そのまま貼り付けボタンをクリックしてください．
3. 貼り付けられグラフに PowerPointのテーマによるカラー設定が適用されてしまい，色が変わる場合があります．
4. ボタンによる貼り付けの結果が納得できない場合は，形式を選択して貼り付けをクリックします．

134

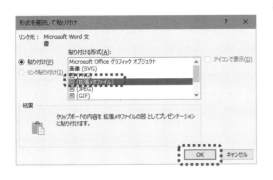

5. Excel のグラフを張り付ける場合，元の図形を忠実に再現するには「図（拡張メタファイル）」もしくは，「図（Windows メタファイル）」を選んでください．

Excel で作成したグラフを，そのままの見た目で貼り付けたいというような場合には，形式を選択して貼り付けを選択します．そのあと，「図（拡張メタファイル）」もしくは「図（Windows メタファイル）」の形式で貼り付けると，スライドを拡大した際にも高画質になるよう貼り付けすることができます．

なお，表についてはセルの背景が透明のまま貼り付きますので，白く塗りつぶしておいたほうが良い場合もあります．

7.4.2　SmartArt による図の作成

SmartArt は，あらかじめ用意された見栄えのする図に文字列を書き込むことにより，プレゼンテーションをより華やかに見せることのできるツールです．

1. 挿入タブから SmartArt を選択します．

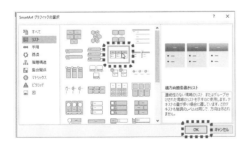

2. 表示された SmartArt グラフィックの選択ウィンドウから，希望するグラフィックスを選択し，OK ボタンをクリックします．

135

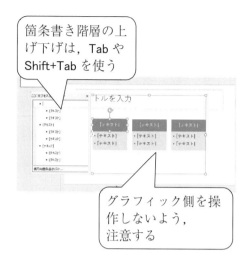

箇条書き階層の上げ下げは，Tab や Shift+Tab を使う

グラフィック側を操作しないよう，注意する

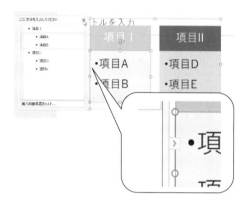

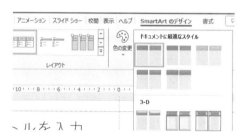

3. 挿入された SmartArt の画面左側に表示された「ここに文字を入力してください」の箇条書きを更新すると，SmartArt のグラフィックが更新されます．

   ✓ SmartArt のグラフィック側を触ると文字の大きさが変わってしまうかもしれないので，触らないよう注意しましょう．

4. SmartArt グラフィックが希望する説明になるよう，箇条書きに手を加えていきます．

5. 「ここに文字を入力してください」パネルの箇条書きは，SmartArt 左端にある ⟨ もしくは ⟩ をクリックすることで表示／非表示を切り替えることができます．

6. SmartArt を選択している最中は，「SmartArt のデザイン」と「書式」タブが表示され，体裁をコントロールすることができます．

7. SmartArt が完成したら，次節で紹介する図形の部品に変換して使うこともできます（変換しないで使っても，もちろん OK です）．

8. 変換する場合，「SmartArt のデザイン」タブにある 変換 ボタンをクリックし，図形に変換 を選択します．

7.4.3　図形描画を利用した図の作成

ここでは，PowerPoint の特徴である，図形の部品を並べて作図する機能について説明します．

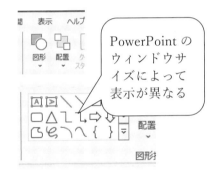

PowerPoint の
ウィンドウサ
イズによって
表示が異なる

1. 「ホーム」タブの「図形描画」グループ，もしくは「挿入」タブの 図形 ボタンにアクセスします．
   ✓ 「ホーム」タブでは，PowerPoint の画面サイズが小さいと，「図形描画」ボタンしか表示されないので注意してください．

2. 図形一覧を表示させると，使用することのできるすべての図形にアクセスすることができます．

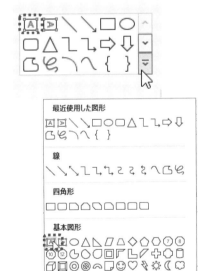

3. 今回は，基本図形の左上にある，「テキストボックス」を使ってみることにしましょう．

4. テキストボックスのボタンをクリックしてからマウスを使ってドラッグすると，文字を書くスペースが確保されます．

5. テキストボックスが表示されたら，「テキストボックス！」と入力してください．何も書き込まずに別のところをクリックすると，テキストボックスは消滅するので注意してください．

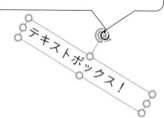

テキストボックスを回転させてみましょう.

6. ボックスに表示されたハンドル（図形のまわりにある小さな円）をドラッグすることで，サイズ調整，回転等が行えます.

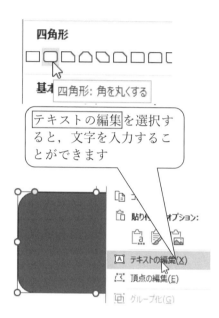

四角形: 角を丸くする

テキストの編集を選択すると，文字を入力することができます

7. テキストボックス以外の図形に文字を書きこんで表示することもできます.

8. たとえば，基本図形より四角形: 角を丸くするまたは角丸四角形を選択し，ドラッグすることで図形を表示させます.

9. 角丸四角形を右クリックし，表示されたメニューからテキストの編集を選択します.

10. 文字を入力すると，図形に文字列が表示されます.

　ボックスに表示されるハンドルをドラッグするときには，ShiftキーやCtrlキーを押しながら動かすと特別な機能が使える場合があります.

　例えば，Shiftキーを押しながら図形の角をドラッグすると，縦横の比率を保ったまま，図形の大きさのみを変更できます. また，Shiftキーを押しながら図形を回転させるハンドルをドラッグすると，15°刻みで回転させることができます. いろいろと試してみましょう.

　図形が選択された状態で矢印キーを押すと，図形の位置を微調整できます. さらに，Shiftキーを押しながら矢印キーを押すと，図形の大きさを調整することができます. こちらも覚えておいてください.

7.4.4　図形のアレンジ

作成した図形は簡単に調整できます．図形を描画して選択すると，リボンインタフェースに「図形の書式」タブが表示さます．

「図形のスタイル」では図形の色や文字について，いろいろなスタイルから選択することができ，あるいは枠線や塗りつぶしなどについても細かく指定できます．枠線を点線にするようなことも，これらのボタンにより設定できます．

7.5　図形の選択と制御

7.5.1　テキストの入力

テキストボックスや図形に文字列を書いた場合，図形の選択状態がわかりづらくなることがあるので注意が必要です．

1. 左図は，テキストボックスが未選択の状態です．

2. クリックすると，テキストボックスが選択され，ハンドルが表示されます．

3. テキストボックスの真ん中をクリックし文字列が選択された場合は，その場所にカーソルが表示されます．

4. テキストボックスの移動等の操作を行いたい場合には，表示されたボックスの枠をクリックします．

7.5.2 複数の図形の選択

複数の図形の選択は必須のテクニックです. Shift キーか Ctrl キーを押したままクリックすると, 複数の図形やテキストボックスを選択することができます.

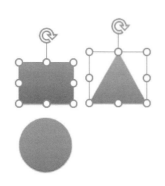

1. Shift キーか Ctrl キーを押したままクリックすることで, 複数の図形を選択することができます.

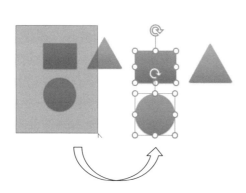

2. 複数の図形を囲むようにドラッグし, 選択することもできます.

3. <u>完全に囲まれたものだけ</u>が選択されます.

7.5.3 図形の重ね順変更と整列

複数の図形やテキストボックス (これらを総称して「オブジェクト」と言います) の重ね順を思い通りに変更できなければ, 望んでいる図を描くことはできません. また, 複数の図形をきちんと整列させたいことも往々にしてあります. 重ね順の調整や整列は,「ホーム」タブの 配置 ボタン, あるいは図形選択中に表示される「描画ツール」の「書式」タブにある「配置」グループのボタンを用います.

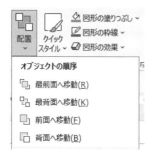

1. オブジェクトを選択している状態のときは, ホームタブの 配置 ボタンから「オブジェクトの順序」にアクセスできます.

2. 「最前面へ移動」と「最背面へ移動」の2つはよく使うので, ぜひ覚えておきましょう.

3. 複数のオブジェクトを選んでいるときは,「オブジェクトの位置」メニューを使用することで,並べ方のコントロールを行うことができます.

4. 3つ以上図形を選択した場合は,「左右に整列」または「上下に整列」機能も使えるようになります. 複数の図形を等間隔に並べることができます.

7.5.4　図形のグループ化

複数の図形を組み合わせて図を作成するときには,「オブジェクトのグループ化」を活用するとよいでしょう. グループ化 メニューは,上で説明したオブジェクトの配置関連のメニューと同じグループ内にあります.

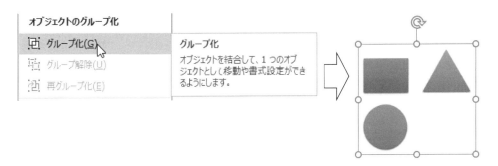

同じグループにしたい図形を,あらかじめまとめて選択しておきます. 選択を確認した上で,上の図に示す グループ化 メニューをクリックしてください.

グループ化が行われると,移動したり大きさの変更を行ったりしても,グループのすべてのオブジェクトの相対位置が変化しないよう,言い換えれば図の見た目が変化しないよう適用されます.

一度作成したグループをダブルクリックすると,グループに属する個々のオブジェクトの順番を入れ替えたり,場所を変更したりできます. グループは, グループ解除 の操作をすると元の個々の図形に戻すことができます.

PowerPoint 応用操作編

7.6　アウトライン機能の活用によるスライド作成

　スムーズにスライドを作るために，アウトラインモードを使ってスライドを作成する方法をマスターしておきましょう．

1. アウトラインモードを起動するためには，「表示」タブから アウトライン表示 ボタンをクリックします．

2. あるいは，画面下部の表示ボタンの中から，「標準」をクリックすることでも切り替えできます．

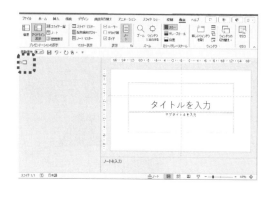

3. アウトラインモードに切り替わりました．

　ただし，何が変化したのかよくわからないかもしれません．注意して見ると，スライド一覧がなくなって，小さな箇条書きのような部品になっていることがわかります．

4. ここで，左側に表示された部分に，プレースホルダーと同じ作法で箇条書きを作ってみましょう．

5. Tab キーや Shift + Tab キーを使って箇条書きを作っていくと…

1 □ **タイトル**

2 □ **1ページ目のお題**

3 □ **2ページ目のお題**
- ・アイディア I
  - ・メリット
  - ・デメリット
- ・アイディアII
  - ・メリット
  - ・デメリット

6. 画面の右側のスライド部分が，自動的に出来上がっていきます．
7. 階層の上げ下げによって，新しいスライドを作ることもできます．

8. アウトラインモードの終了は，表示タブ，あるいは画面下の「標準」ボタンから行うことができます．

　アウトラインモードは，グループワークのディスカッション結果を素早くスライドに落とし込むなどの場合に非常に有効です．

　アウトラインモードでは，左側の箇条書き部分を操作して使います．**右側のスライド画面は，あくまで参考に見る形にし，触らないようにしてください．**箇条書きの一番上の階層がスライドタイトルとなり，それ以下の階層はスライド内のプレースホルダーの記入項目となります．

7.7　　アニメーションの設定

7.7.1　　画面切り替えのアニメーション

　一枚一枚のスライドを，アニメーション効果を伴いながら次のページへ切り換えるには，「画面切り替え」タブを使用して設定します．

その他ボタン

1. 「画面切り替え」タブに移動すると，良く使う切り換え効果が表示されます．
2. 画面切り替えのパターンは複数ありますが，標準ではすべてが表示されていないので，その他ボタンを押して確認します．

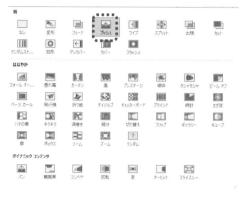

3. 画面切り替えの効果を決定（クリック）すると，現在表示中のスライドに効果が適用されます．

4. 効果が適用されたスライドは，スライド番号の下に「★」マークが表示されます．

5. 複数のスライドに同じ画面切り換えのアニメーションを組み込むときには，あらかじめ複数まとめて選択しておくか…

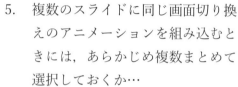

6. あるいは，すべてに適用ボタンをクリックしても OK です．

　画面切り替えのタブで「自動」にチェックを入れると，一定時間で自動的に次のスライドに進む機能を稼働させることができます．意図せずに設定してしまうと，プレゼンテーションの最中に勝手にスライドが動いてしまうことになりかねません．スライドショーでスライド送りがおかしいときには，この部分を確認しましょう．

7.7.2　スライド内部でのアニメーション

　スライドの中の部品を動かすためには,「アニメーション」タブにアクセスします. アニメーションの動きを調整する際には, アニメーションウィンドウ ボタンをクリックして, 調整用のウィンドウを開いておきましょう.

　アニメーションをセットするためには次の3つの手順をとります.

1.　アニメーションをセットするオブジェクトの選択
   - 複数のオブジェクトを選択していれば, 同時にアニメーションをセットすることができます.
   - テキストボックスやプレースホルダーもアニメーションの対象にできます.

2.　アニメーションタブから効果を選択
   - 開始：最初はオブジェクトが表示されません. アニメーションが終了した後にオブジェクトが所定の位置に表示されます.
   - 強調：開始のアニメーションが終わったあと, オブジェクトが表示された時点において, 拡大縮小等のアニメーションを実行します.
   - 終了：アニメーション終了後にオブジェクトが消えます.

3.　アニメーションの動作状態を調整・追加
   - 「アニメーションウィンドウ」を使用して, アニメーションの順序を入れ替えたり, 動作のタイミングを変更したりできます. 同時に複数の効果を設定することも可能です. 例：強調の「スピン」＋終了の「ズーム」＝回りながら小さくなって消える

　さっそく, アニメーションを作成してみることにしましょう.

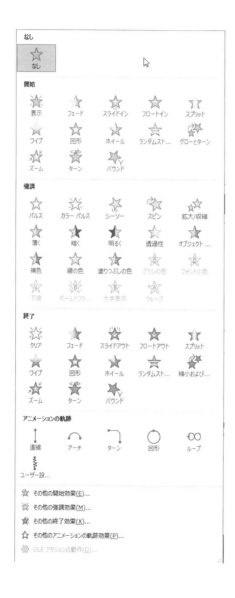

1. アニメーションさせる対象となる図形を用意して，選択しておきます．

2. 選択すると，「アニメーション」タブのアニメーションスタイルや，アニメーションの追加ボタンに色が付き，クリックできるようになります．

3. PowerPoint ウィンドウが小さくなっている時は，アニメーションスタイルボタンをクリックすると，適用できるアニメーションが表示されます．

● 開始：最初，図形は表示されず，アニメーションの開始とともに画面に現れます．

● 強調：図形が表示されている状態で，指定した強調動作が実行されます．

● 終了：アニメーションを伴いながら，図形を画面から消すことができます．

● アニメーションの軌跡：図形は軌跡に沿って指定された動きをします．

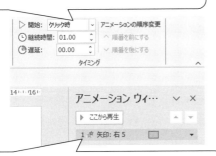

アニメーションの動作タイミングを
コントロールできます.

先頭の数字 1 は, 1 つめのアニメーショ
ン動作を表しています.

4. ここでは, 開始ゾーンから
   アニメーションを一つ選択
   してみてください.

5. アニメーションを指定する
   と, アニメーションウィン
   ドウに対象となった図形の
   情報や動作時間を示す横棒
   などが表示されます.

上述の手順により, マウスの左ボタンを一回クリックした際に, 指定された動きを
して図形が現れるアニメーションを作成することができました. 次に, もう一回クリ
ックした際に, 同じ図形が画面から消えるアニメーションを設定してみましょう.

1. あらためて, 同じ図形を選択します.

2. 次に, アニメーションの追加 ボタンをクリッ
   クします.

   アニメーションスタイルから任意のアニメー
   ションを選択すると, アニメーションを追加する
   のではなく, 以前に設定したアニメーションが削
   除され, 新しいアニメーションが設定されてしま
   いますので注意が必要です.

3. 「終了」のグループより, 適当なアニメーシ
   ョンを一つ選びます.

147

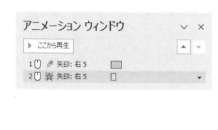

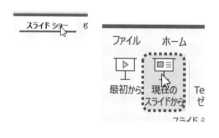

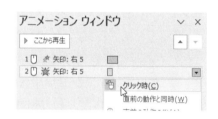

4. 「アニメーションウィンドウ」を確認すれば，2つのアニメーションが設定されていることがわかります．

1回目のクリック：開始のアニメーションで図形が現れる

2回目のクリック：終了のアニメーションで図形が画面から消える

5. アニメーションが正しく設定されたのかどうか確認します．

6. 「スライドショー」タブの，現在のスライドからボタンをクリックして確認しましょう．

現在のスライドからスライドショーを始めるショートカットキーは，Shift+F5です．よく使うので，覚えておいてください．

「アニメーションウィンドウ」では，アニメーションの変更や削除を行うことができます．

7. 調整を加えたいアニメーションを右クリックすると設定を変更できます．

8. マウスの左ボタンを押さえながらドラッグし，アニメーションの順番を入れ替えることもできます．

7.8 スライドの体裁

7.8.1 テーマの適用

プレゼンテーションでは，すべての PowerPoint スライドのデザインを統一することが重要です．一部のスライドだけ派手なデザインを採用すると，プレゼンテーションを見ている人たちが違和感を覚えます．「デザイン」タブにあるテーマをスライド全体に適用することで，スライドの配色，フォント，効果などを一括で設定することができます．

1. デザインタブに切り替えると，上部にテーマが表示されています．

2. 表示されたテーマをクリックすると，すぐにテーマが適用されます．

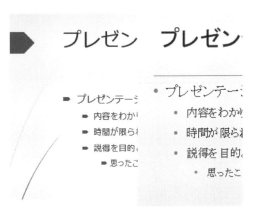

3. 異なったテーマを適用すると，自動的に箇条書きの印なども書式が更新されています．

選択したテーマについて，さらに調整を加えることができます．

「その他」ボタン

4. テーマ右側のバリエーションからは，選択したテーマにワンタッチで異なった配色等を設定できます．

5. バリエーションの「その他」ボタンからは，配色やフォント，クイックスタイルの図形の装飾等，様々な設定を調整することができます．

テーマやバリエーションによっては，配色やフォントについて，読みやすさに配慮されていないケースがみられるので，各自よく考えて設定を行う必要があります．

7.8.2　ヘッダーとフッター

スライドのページ番号や日付を表示するのがヘッダーやフッターです．プレゼンテーションにおいては，適切なページ番号を入れることは発表者のマナーとなっているため，この操作を必ずマスターしてください．フッター機能では，スライドの上部あるいは下部（テーマによって変化します）に，特定の文字列を表示することができます．大学名（会社名）やプレゼンテーションタイトルが記載されていることが多い部分です．忘れずに設定するようにしましょう．

1. 「挿入」タブにある ヘッダーとフッター ボタンをクリックします．

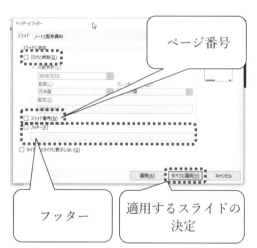

ページ番号

フッター

適用するスライドの決定

2. 「ヘッダーとフッター」ダイアログボックスが表示されます．

3. チェックボックスをクリックし，スライドに表示したい項目を選択し，必要に応じてフッターを入力します．

4. 最後に，すべてに適用 するのか，選択中のスライドのみに 適用 するのかを決定します．

5. スライド番号やフッター，日付等はテーマによって影響をうけるので，どのような表示になったのか確認しておきます．

7.9　印刷の管理

　PowerPoint では，作成したスライドやノート，配布用の資料を印刷することができます．スライドをそのまま印刷する以外に，発表補助用にノートを付けて印刷したり，配布資料用に複数枚のスライドをまとめて1枚の紙に印刷したりと，様々なプレゼンテーション資料を印刷することができます．

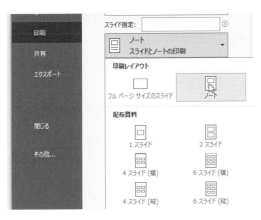

1.　「ファイル」タブをクリックし，印刷メニューをクリックします．

2.　プリンタの設定や印刷内容の確認が画面上で行えます．

3.　単純にスライドを印刷するのではなく，資料等を作成する場合は，画面中央部分の設定からフルページのスライドボタンをクリックします．

4.　必要に応じて，ノートなどのボタンを選択します．

5.　印刷ボタンをクリックし，作成したPowerPoint スライドを印刷します．

プレゼンテーション編

7.10　プレゼンテーションの目的

　プレゼンテーションのスライドが完成し，PowerPoint を使ってプレゼンテーションするわけですが，その目的とは一体どのようなものなのでしょうか．そもそも，プレゼンテーションとは一体何のことなのでしょうか．

　プレゼンテーションには解説して聴衆（正確には視聴衆と言うべきかもしれませんが）を「説得」するという目的があります．説得とは，相手に，みなさんの希望する行動をしてもらうことです．

　たとえば，就職活動で行うプレゼンテーションを考えてみましょう．みなさんは，自分の特徴を説明するかもしれませんし，大学でのさまざまな活動を紹介するかもしれません．就職活動でのみなさんの目的は，単にみなさんがどのような人であるのかを就職希望の会社に紹介することなのでしょうか．違います．みなさんの目的は，その会社に迎え入れてもらうことです．迎え入れてもらえるように，その会社の人を説得することが，みなさんのプレゼンテーションの目的なのです．

　大学の卒業発表や，ゼミでの発表でも，何を説得するのかについて意識することが重要です．調べ上げた事柄について，参加者に面白みを伝えて興味を持ってもらうこと，そして，多様な視点からの意見をもらうことが目的となるでしょう．よって，淡々と事柄を紹介し，みなさんが伝えたい内容を聴衆に「お察しいただく」スタイルではプレゼンテーションとして不十分です．聴衆に対し「どんな行動を引き出したいのか」といった観点が必要となります．

　このような目的を達成するためには，プレゼンテーションがみなさんの伝えたいことをわかりやすく，簡潔に，かつ明確に表現している必要があります．図やグラフ，箇条書きの表現を，伝えたいことが伝わるよう，うまく作成する必要があるのです．

7.11　「プレゼンテーション」の作り方

7.11.1　プレゼンテーション作成の流れ

　ここでは，どのようにプレゼンテーションを作っていくべきなのかについて考えてみましょう．物語には「起承転結」や「序破急」と呼ばれるような「型」があります．プレゼンテーションについても，様々な型があり，起承転結を使う方法も考えられます．特に大学のゼミであれば，「背景・目的・結果・考察」という 4 つのステップが示されることもあります．

今回は，「序論・本論・結論」の 3 つのステップでのプレゼンテーションを考えてみます．この序論・本論・結論方式は，アレンジすると様々なプレゼンテーションに対応できる基本の形式なので，まずはこの型に挑戦してみましょう．序論・本論・結論の型は，次のような構成になっています．

1. 序論

   話の導入部分です．ここでは，背景や主張の主体である目的にかいつまんで触れます．発表で取り上げる内容を大まかに伝え，聴衆にどんなことを話すのか，どこがポイントなのかの「予告」をするのが狙いです．

2. 本論

   主張を明確に示します．データ等を用いて明確に伝えます．分量は本論がもっとも多くなります．

3. 結論

   まとめと今後の展望を示します．

ここでは，何かの主題について「紹介」したい，あるいは自身のアイデアを「提案」したい，などの場合を想定してみましょう．どのような内容を盛り込むべきなのかについて，以下の表にサンプルとして示しています．

	基本の流れ	紹介する	提案する	（ゼミ発表）
序論	●タイトル・目次 ●背景 ●目的	●タイトル・目次 ●背景 ●目的	●タイトル・目次 ●背景 ●目的	●タイトル・目次 ●背景 ●目的
本論	本題や詳細についての簡潔かつ明確な説明．	●現状分析 ●特徴の紹介 ●他のものとの比較	●現状分析 ●提案 ●提案による効果・有効性	●手法 ●（調査や実験などの）結果 ●解析・考察
結論	まとめ	まとめ（評価や感想など）	まとめ（理想像の提示を含む）	まとめ（今後の課題など）

7.11.2　ワークシートを利用した構成の検討

プレゼンテーションに向けて，なんとなくやらなければいけないことがわかっていても，頭の中でしっかりとした見通しを立てるのは難しいことです．そこで，次の図の

ようなワークシートを使って，手を動かしながらテーマや構成等を考えてみることも
お勧めです．

プレゼンテーションの1行テーマ

プレゼンテーションのタイトル

背景と目的

ページ番号	項目	スライドの 1行テーマ	内容の箇条書き
1			・ ・ ・
2			・ ・ ・
3			・ ・ ・
4			・ ・ ・
5			・ ・ ・
6			・ ・ ・
7			・ ・ ・

7.11.3　テーマ（一行テーマ）の確定

　ここまで，どんな内容を発表しようかと考えつつ，序論・本論・結論で述べる内容を
埋めてきました．ここで，しっかりとテーマを定めましょう．

　テーマは，そのプレゼンテーション全体で述べたい内容です．「この商品は○○の点
については最も優れている」といったものでもよいですし，「△△を調べた結果，□□

であることがわかった」といったものでも結構です．ともかく，プレゼンテーションが終わったときに，聴衆に「納得」させたいことを一つ考えてみましょう．

　もし，テーマが1行にまとまらないならば，それは主張を盛り込みすぎ，ということになります．主張がぶれると，プレゼンテーションは失敗します．テーマにできることは一度に一つだけです．このテーマをキーワードに，プレゼンテーションの全ての要素をまとめることになるので，事前によく考えて決めましょう．

7.11.4　スライド構成の検討

　次いで，（一行）テーマを述べるに足るよう，スライドの構成について検討します．
　スライドには1枚にひとつの項目を割り当てます．ここで上げた項目の数だけ，スライドの枚数を使うことになるわけです．例えば，「現状分析」のスライドには現状分析の説明だけを記述します．贅沢にスライドを消費していくようにも思えますが，そのスライドの説明が終わったときには，聴衆に「現状について，このプレゼンテーションを聞くうえで知ってほしいこと」がしっかりと伝わっていなければなりません．
　ところで，プレゼンテーションには時間制限があります．時間の制限から逆算して，スライドの枚数が確定します．たとえば，発表時間が5分であれば，最大でも7枚程度のスライド数が限界でしょう．ということは，このプレゼンテーションには7つ以下の項目しか盛り込むことができません．例えば，序論・本論・結論の表であれば，タイトルと目次を除くと7つの項目がありますから，もうこれで制限時間いっぱいとなるわけです．

7.11.5　スライド毎の内容検討

　タイトルと項目（各スライドで述べること）が決まったら，それぞれのスライドが何のためのスライドなのかについて明らかにしておきます．プレゼンテーションのテーマと同じく，それぞれのスライドについても一行テーマを考えてみましょう．
　例えば，「背景」を説明するスライドであれば，スライドの一行テーマを「□□については，○○といった課題がある」のように簡潔に設定します．そのスライドでは何を伝えたいのか，はっきりとさせておくのが狙いです．このように目的がはっきりすると，図，表，グラフなどをどのように示して説明しようか考える際の手助けになります．同時に，それぞれのスライドで説明すべきことを，3つほど箇条書きにしておくようにしましょう．
　ここまで考えてきたプレゼンテーションのアウトラインは，スライドを実際に作り始めてみると，舌足らずだったり要点が的を射ていなかったりすることに気づくこと

もあります．そういった場合は，状況に合わせて説明を変更しても問題ありません．ですが，大事なことは，聴衆を「説得」するための見通しを最初にしっかりと立てることなのです．

7.12　スライドの体裁を考える

　プレゼンテーションのアウトラインが固まったところで，実際にスライドを作成していくわけですが，説明内容について検討していく前に，その体裁についての注意事項についてまとめてみます．

7.12.1　目的に応じた色の選び方

　PowerPoint の「テーマ」を設定してスライドを作っていく場合であっても，色を自身でアレンジしていくことができます．プレゼンテーションでは，背景，文字，イラスト，グラフなど，様々な要素に設定する色がありますが，スライドの背景の色はプレゼンテーションの印象を決める上で大きな影響を持っています．

　スライドの背景と文字は，コントラスト（色の明暗の差）がはっきりする色を選択する必要があります．明るい背景に暗い文字，暗い背景には明るい文字を組み合わせましょう．ただし，白い背景に黒い文字など，極端なコントラストを設定する必要は必ずしもなく，白地に濃いグレーを組み合わせるのも良い方法です．背景には暗めの寒色を配したプレゼンテーションは落ち着きがある印象を与えることができると言われています．また，日本では赤い色で文字を書くことは長い間嫌われてきました．赤色の文字は，使うとしても強調したいピンポイントに留めるべきです．

　どのような色を使うにせよ，スライドには統一感を持たせるべきです．よって，スライド毎に背景の配色を変化させることは止めたほうがよいでしょう．ただし，長いプレゼンテーションにおいては，トピックやまとまりごとに色を変えて気分をリフレッシュする，といった方法があります．

7.12.2　プレゼンテーションに適したフォント

　フォントの選択は，プレゼンテーションの印象に大きな影響を持ちます．今日のプレゼンテーションはプロジェクタ等を使ってコンピュータの画面を直接スクリーンに投影します．この方法は，暗い部屋の中に明るいスクリーンが浮かび上がる，という視覚効果をもたらします．このような，発光するタイプの画面で文字を表示する場合，フォントは，線の太さが均等であるほうが読みやすいといわれています．

また，プレゼンテーションにおいては，線の太さが均等であるほうが力強い印象を与えることができるので，主張したいことをしっかり届ける，という点からも好都合です．印刷された長い文章を読む際には，線の太さが不均等なフォントのほうが読み疲れないと言われています．しかしながら，プレゼンテーションでは説明文を箇条書きにするため，読み疲れよりもインパクトのほうを重視します．

　具体的に選択すべきフォントは，ゴシック系に分類されているものです．場合によっては，ポップ系のフォントも良いでしょう．使わないほうが良いのは，明朝体のような線の太さが不均等なフォントです．行書体のフォントもプレゼンテーションには向きません．英語のプレゼンテーションの場合，推奨されるのは Arial および Helvetica 等，非推奨は Times New Roman 等です．

あ**あ**あ*あ* a a a

ゴシック系　　明朝系　　　Arial　　　　Times New Roman
　　ポップ系　　行書系　　　Helvetica

あ**あ**あ*あ* a a a

7.13　スライドの説明について考える

7.13.1　文字を書き込む際のポイント

　プレゼンテーションのスライドに説明を書き込む際に，注意しなければならないことがあります．それは，プレゼンテーションとは，説明内容を正確に理解してもらうためのものではなく，聴衆に納得してもらえるよう要点を整理するためのものだからです．

　これまでの手順で，プレゼンテーションのテーマ，スライドで取り上げる項目を決めてきました．これらを念頭に置きながら，スライドを作る際には次の 3 つの制限を守りましょう．

1.　プレゼンテーションの 1 項目は 1 枚のスライドに収める
2.　箇条書きの項目数は 8 つ以下
3.　箇条書きの 1 項目に 2 行を超える文を書かない（2 行までなら OK）

長い文章を書くと，聴衆はみなさんの話を聞かずに，スライドを読むことに熱中してしまうかもしれません．あるいは，スライドの文章が多すぎたなら，最初から読むことをあきらめてしまいます．長い文章が入ったスライドには，デメリットはあってもメリットはありません．

7.13.2　階層構造の活用

　箇条書きの際には，書いている内容の構造について意識しましょう．例えば，下記のスライドのサンプルでは，上側と下側で同じようなことを表現しています．上側の「文章」は，読んで内容を解釈しなければ，物事の階層構造が見えてきません．一方，下側の箇条書きは，一見しただけで「ソフトウェア版」と「ハードウェア版」の概念が並列するものであることがわかります．下の箇条書きは文章ですが，構造を表す「図」としても機能するようになっています．

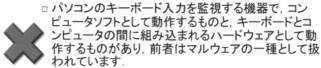
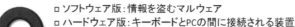

7.14　図解によるプレゼンテーション

　図を用いて解説することを，「図解」といいます．文章を用いず，絵，図，グラフ，表のいずれか，あるいは組み合わせにより構成されるスライド画面のことを指しています．理解に時間のかかる長い文章による解説も，図解を用いることにより一瞥で理解できるものに変身させることができます．

7.14.1 グラフを用いたスライド作成のポイント

7.14.1.1 伝える題材に適したグラフとは

　プレゼンテーションにおいて，一瞥で理解することのできるグラフとは一体どのようなものなのでしょうか．PowerPoint の「挿入」タブから，あるいは Excel を用いたグラフ作成では，たくさんの種類のグラフを生成できます．ここでは，グラフの持つ特徴にあわせて，使うべきグラフを考えてみましょう．

　数値がただ並んでいるだけでは，その数値を見た人が頭の中でそれを整理して，意味を読み取らなければいけません．ですから，このような数字の羅列は避けなければなりません．言い換えれば，読み取って欲しいものが何なのかを考え，それにあったグラフを選択して作成すれば良いのです．

- ● 棒グラフ

  数値が一体どれくらいの量なのか，大きさの大小を伝えたい場合
- ● 折れ線グラフ

  数値がどのように変化したのか伝えたい場合
- ● 円グラフ

  数値同士を比較して，比率や割合を読み取ってほしい場合

　様々なグラフが存在しますが，題材を考察し，3 つのグラフから適切なものを選択できれば，プレゼンテーションの目的達成には十分といえます．

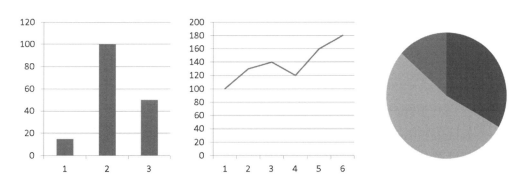

7.14.1.2 伝えるためのグラフのアレンジ

　ただし，シンプルにグラフを書くだけでは，なかなか意図することが伝わらない可能性があります．そこで，グラフをアレンジして，表現したい部分を強調しましょう．

　例えば，次ページの図の左側の棒グラフの中で，右から 2 番目にある値が小さいデータについて，何か意見を述べているスライドがあったとしましょう．この場合，主張

したいものに着目してもらうため，右側の棒グラフのように，目立たせたい場所にはっきりとした色をつけるのがお勧めです．

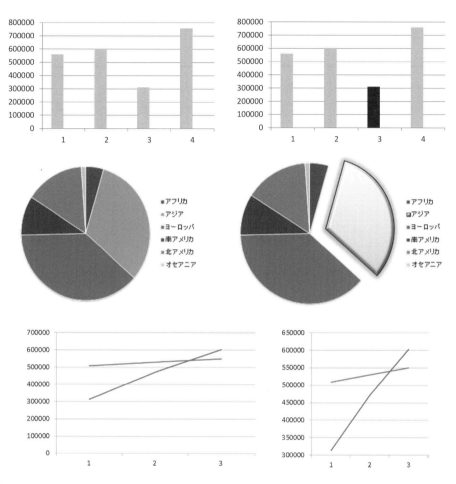

目立たせる，という観点は，円グラフについても同じです．アピールしたい部分があった場合，書式を変えるだけではなく，円グラフの場合はすこし切り離して表示する等，工夫してみましょう．左側の円グラフでは，着目すべき部分がどの扇形なのか一見してわかりません．対して，右側ではアピールしたいところを強調しているため，聴衆の目を引きつけることができるでしょう．

最下段の折れ線グラフでのアレンジは，理解を促進しているようでもあり，また場合によっては少し不誠実とも取れる工夫です．このグラフは，どちらも同じ数値をグラフ化したものです．しかしながら，左と右とでは見た目が大きく違います．

右側のグラフは，グラフに表示する縦軸の範囲を変更し，また，グラフの横幅をあえて縮めています．その結果，グラフの線の傾きが急になり，ものすごい勢いで値が増加している・・・，そのような印象を与える「演出」になっています．

社会人向けのプレゼンテーションに関する解説書の中には、「インパクトがあるように グラフの見た目を積極的にコントロールすべき」という志向が見られます. 確かに、 販売実績などの報告を作るときは、右のグラフのほうがインパクトはありそうです. みなさんも、グラフを作るとき、あるいは見るとき、そのグラフにこめられた「演出」 を意識することにより、見た目に惑わされず本質をつかむことに努力しましょう.

7.14.2　表を用いたスライド作成のポイント

グラフ作成において、種類の選択とアピールしたい部分の強調には意味がありました. では、作表にはどんな意味があるのでしょうか. 表の役割は、複雑な情報を整理して表示することです.

	メリット	デメリット	コスト
商品1			?
商品2			×
商品3			

箇条書きではなく、表を使うということで、複数の視点から見た分析を表現できます. このような表にした時点で、既に、商品1〜3をメリット、デメリット、コストという 3 つの視点から比較しているのです. 言い換えれば、比較して差異を示す必要がなかったり、あるいは比較に必要な項目をすべて表の中に設けなかったりするのであれば、表を使うメリットはなくなってしまいます. 表を使うときは、比較したいことは何なのかを一番初めに考えるようにしましょう.

7.14.3　図解による表現内容

図解の大きな特徴は、図や絵が含まれていることです. 文字に図をプラスした表現が可能になったとき、どんなメリットが生まれてくるのでしょうか. 図解の際にみなさんに必ず意識してもらいたいのは、図解による 3 つの表現、すなわち状態、関係、変化です. これらを別々のスライドに描くことも、同じスライドにまとめることもできます.

● 状態
「何」が「どうなっているのか」、すなわち表現したい要素の現状について図解し

161

ます.

● 関係

二つ以上の要素間の関係, すなわち「何」と「何」の「関係」がどうなっているのかについて図解します.

● 変化

何らかの影響や周りの環境変化による要素の変化, すなわち「何」が「どう変わっていくのか」について図解します.

例えば, PowerPoint の SmartArt を使って図解しようとするとき, 表現対象がどのような関係・構造を持っているかについて意識する必要があります. 描こうと考えている要素間の関係をきちんと把握しなければ, 適切な SmartArt の図を見つけることができなかったり, 説明内容をきちんと表していない図ができたりするので, 注意が必要です.

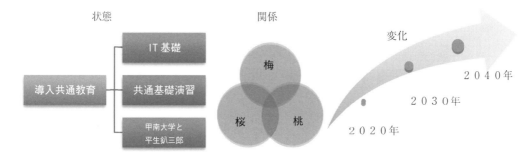

なお, 図解の特徴を活かした例は, 企業のホームページなどで見つけることができます. Google 検索などで「経営理念」等のキーワードで画像検索してみましょう.

7.15 スライド作成時におけるチェックポイント

プレゼンテーションのためのスライドを作成するためのポイントをいくつか挙げました. 全て OK となるよう, スライドに組み込む内容について吟味しましょう.

✓ タイトルは発表内容を表している

✓ このプレゼンテーションで主張したいことは一言で言える

✓ 序論・本論・結論の順に内容が配置されている

✓ テーマについて自分なりの主張が示されている

✓ 1枚のスライドに1つの項目が書かれている

✓ 2行以上の文章がない

- ✓ 色とフォントが適切である
- ✓ グラフは主張に適したものが選択されている
- ✓ 表で比較しているのは主張に応じた項目である
- ✓ 引用した写真やデータには出典が書かれている
- ✓ アニメーションを必要以上に多用していない

7.16 参考文献・ホームページ

1. 中野美香, 大学生からのプレゼンテーション入門, 2012.
2. Robert M. Lewis 著, 科学者・技術者のための英語プレゼンテーション, 東京化学同人, 2008.
3. D.E.ウォルターズ, G.C.ウォルターズ著, 小林ひろみ, 小林めぐみ訳, アカデミック・プレゼンテーション, 朝倉書店, 2003.
4. 中嶋秀隆, マット・シルバーマン, デジタル対応プレゼンテーション, 日本能率協会マネジメントセンター, 2000.
5. 森田祐治, 超入門成功するプレゼンテーション, 新星出版社, 1999.
6. 望月正吾, 直感に刺さるプレゼンテーション, 技術評論社, 2015.
7. 忰田進一, 図解で表現するための事典, 明日香出版社, 1991.

8. ワードプロセッサと文章作成

文章作成のための Word 操作編

8.1 文書作成（Microsoft Word）

パソコン上で文書を作成するには，メモ帳やワードパッドなどのいわゆるテキストエディタと呼ばれているソフトウェアか，もしくは Word や一太郎のようなワードプロセッサ（以下，ワープロと呼びます）を使用する必要があります．前者は，文字のみで構成される単純な文書を作成するのに向いており，最低限必要な機能しか備わっていません．したがって，電子メールの下書きなどに気楽に使用することができます．後者は主に印刷を目的としており，図や表などの入った体裁の整った文章を作成するのに向いています．

この節では，Microsoft Office に含まれる Microsoft Word を使用してレポートを作成していきます．大学の授業では，レポートを書く課題が頻繁に出てきます．以下では，レポートを書く場合によく使用する機能についてピックアップしてあるので，それらについて重点的に学ぶことができます．

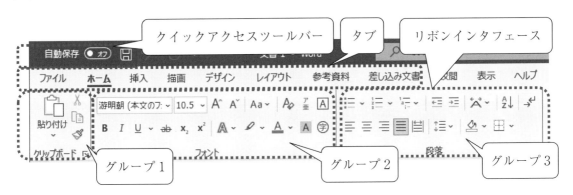

Office のグラフィカル・ユーザ・インターフェース（GUI）は，上図のように，他のソフトウェアとはかなり違っていますので，GUI 部品の名前を良く覚えておいてください．

8.2 文書の編集

文書を手書きで作成するのに比べ，ワープロの良いところは，文書の編集が極めて楽に何度でも行えるところにあります．みなさんは，有名作家がペン書きした小説の原稿をテレビなどで何度かご覧になったことがあると思いますが，線を引いては書き直しのあとが生々しく残っているのに気づくはずです．

ワープロを使用すれば，文字はキーボードとかな漢字変換を使用して楽に入力できますし，一旦入力した文章や単語を修正することも，簡単に何度でも繰り返すことが

できます．筆記の場合，消しゴムで消しては書き直しという操作を繰り返すことになりますが，だんだんと手が疲れてきて，文書の編集は疲れるし大変だということになります．ワープロの場合，こういった作業は画面上で極めて簡単に行うことができます．例えば，文書中に繰り返し出てくる単語を別の同義語に置き換えたい場合，"検索と置換"機能によってコンピュータ自身が置き換えてくれます．

　以下では，Word を使用しての文章入力や修正の方法について説明します．ここで説明する文章修正の方法の多くは，様々な他のアプリケーションソフトウェアで文字列を修正する場合にも共通の操作ですので，他のソフトウェアで文字列修正を行う際に試してみる価値はあります．

8.2.1　文章の入力

　それでは，文書入力フレーム（白い紙のようになっているところ）のカーソル位置に以下の文章をかな漢字変換を使用して入力してください．「発展途上国の都市化における人口問題」[10]という少々長いレポートですが，途中に休憩を入れながらで結構ですから，ゆっくりと落ち着いて入力していってください．

　論文やレポートの文章の型は，一般に「レポートを述べる型」[2]と呼ばれており，以下の順番で文章をまとめ上げていきます．
1. 事実を挙げ，問題を提示する
   事実や経験したことを述べたり，問題点を提示したりします．
2. 調査，観察などについて報告する
   調査や観察の目的，対象，方法などを述べたり，調査や観察によってわかったことなどを述べたりします．
3. 考察する
   問題に対する考察，結論，対策，意見などを述べます．
4. 結び
   まとめや反省，今後の課題などを述べます．

---

[10] このレポートは，文献[1]の論文を著者の許諾を得て要約したものです．なお，現況を鑑み，一部追加修正を施してあります．

　以下の文章は，印刷の都合上，見やすいように改行していますが，ひとつひとつの段落は改行せずに入力してください．また，後で挿入する図表や箇条書きはすべて省いてあります．

1. 事実を挙げ，問題を提示する

　以下のように文章を入力していってください．なお，学部学科，学籍番号，氏名のところには，みなさんの情報を記入してください．

発展途上国の都市化における人口問題

甲南大学　何学部　何学科
12012345　甲南　太郎

1. はじめに

20世紀の100年間に、世界の全都市の人口は2億2000万人から32億人へと増加してきた。国連によれば、都市人口の増加は21世紀前半も続き、2050年には67億人に達すると推計されている（図1）。同推計では、2050年の世界人口は98億人程度になるので、その7割近くが都市の住民となる。

1900年に世界最大の都市であったのは英国のロンドンで、人口は約650万人であった。これに続いて、ニューヨーク、パリ、ベルリンなど、ヨーロッパと米国の都市が上位をしめている。一方、2000年の時点で人口が最大の都市は東京である。また、メキシコシティー、ムンバイ、コルカタなど、いわゆる発展途上国の都市が上位に進出しているのが特徴的である。

21世紀において、都市の人口が増加する源となっているのは、発展途上国の都市群である。2030年には「開発途上地域の町や都市の人口は、世界の都市居住者の80%を占めるようになるだろう」と予測されている。途上国の都市が成長していくことについては、とりたてて問題があるわけではない。「将来起こる都市人口増加の大部分を占めるのが貧困層」になるであろうということが問題なのである。このレポートでは、都市部における貧困層の急激な増加による問題点について整理するとともに、それらへの対応策についてまとめていく。

2. 調査，観察などについて報告する

以下のように第2節の文章を入力していってください.

2. 人口爆発と向都移動の現状

20世紀の後半において、多くの発展途上国で起こった急激な人口増加のことを「人口爆発」と呼んでいる。現在の先進諸国においても、過去には急激な人口増加を経験している。19世紀後半から20世紀の半ばにかけて起こった人口の増加は、都心の拡大と海外への移民・植民によって吸収されてきた。一方では、2000年からの30年間に世界人口は25億人程度増加すると考えられている。そのなかで国際的に移動する人口の割合は低いと考えられるので、ここでは農村から都市への人口移動、すなわち「向都移動」に焦点をしぼることにする。

発展途上国のなかでも「最貧国」の一つに数えられるバングラデシュでの向都移動についてみてみる。ダッカ市（人口約2000万人）の例について挙げてみると、多くの都市移住者は経済的貧困状態から出発しなければならない。彼らは、まずスラムと呼ばれる家賃の安い地域に入居することになる。

表1は、ダッカ市のあるスラム居住者たちについて、農村から移住してきた理由を尋ねたもので、回答のうち上位のものを抜粋している。

「家族を養えなくなった」が3割を超えて最も多い理由である。バングラデシュはイスラム社会なので、農地は均等に分けられ相続される。民主的ではあるが、かつての日本のように長子相続制をとる社会よりも農地の細分化のペースが速くなってしまう。農村人口の増加により一人あたりの農地面積がどんどん小さくなり、食べていけない世帯が

増加することになる。

農地が細分化された結果、所有している田畑からの収穫で家族を養えなくなった農民たちは、地主農家に賃金で雇われて働く「農業労働者」となる場合が多い。しかし、農地の面積が一定であるのに対し、農業労働者の数は年々増えていく。賃金は抑えられ、労働はより過酷なものになっていくのだが、その労働にすらありつけないこともある。失業が農村に広がっていくわけである。これは、農村部から人口を押しだそうとする「押し出し型要因」と呼ばれるものの一つである。

3. 考察する

以下のように第 3 節の文章を入力していってください.

3. 都市部における貧困問題

前節から分かるように、都市部における人口の増加は、貧しさの原因ではなく、結果であると言える。一部の国々では都市人口の増加を食い止める政策をとりはじめている。インド政府の「国家農村雇用保証決議 2005」によれば、18 歳以上の男性がいる農村世帯に対して、年間 100 日まで肉体労働による仕事を保障するとされている。しかし、農村部の人々には都市へ移住する理由があるわけであり、このような政策によって向都移動の現状が大きく変わるとは考えにくい。

先進諸国では、都市に流入する人口を、まず工業化によって吸収してきた。向都移動者を工場労働者として活用し、さらに工業を発展させるというサイクルが成立したのである。その後、第三次産業が発達し、さらなる向都移動者の受け入れが可能になるとともに、新しい住民は消費者としても産業の育成に貢献することになる。一方、多くの発展途上国は工業化の段階でつまずきをみせている。バングラデシュを例にとると、主要な輸出品はジュートや UNIQLO ブランドなどを含む繊維製品である。このような製品は、現在の国際市場では手ひどく買いたたかれる。われわれが購入する中国製やインド製の下着類が、いかに安いかを考えてみれば分かりやすい。

都市部における人口の増加と貧困とは密接に結びついている。年金や生活保護といった社会保障制度のない発展途上国のスラム街の住民は、老後の生活を安定させるために、貯蓄にはげむか、子供に養ってもらうことを当てにするしかない。多くの発展途上国で

は女性が就くことのできる職業が制限されているので、健康な男子を育てることが安定した生活の前提となる。乳児の死亡率も高く、男子だけを選んで出産するのも難しいので、平均すると5、6人の子供をつくらなければ、将来における生活の保証が得られないのである。

20世紀の大都市は、豊かな物質文明を象徴する場であり、新しい文化の発信地、起業や就職をめぐるチャンスの土地でもあった。貧しさを克服し、社会保障制度を整備して、性差による就業差別の比較的少ない社会を実現すれば、自然に人口増加は終息していくはずである。現在においては、しかしながら、発展途上国の都市の多くは、巨大な貧困層をかかえて身動きがとれない状態にある。

4. 結び

以下のまとめを入力していってください.

4. まとめ

このレポートでは、発展途上国都市への人口集中という現状に的をしぼって、問題となる現象の輪郭を知る努力をしてきた。まもなく、発展途上国の都市にはかつてない規模の貧困層が広がっていくことになろう。貧困の原因はさまざまである。これまでも、戦争や内戦、独裁や大地主制、先進国と発展途上国との間の従属的経済関係など、軍事・政治・経済的要因が複雑にからまりあって、多くの社会では長期にわたる貧困をつくり出してきた。

多くの発展途上国が、先進国なみの豊かな社会を実現するための方策をとるのかどうかについては、これから見ていく必要があろう。これまでも、以下のようなさまざまなレベルで多くの方策が唱えられてきた。

これらの方策のなかには、現実に実施されたものもあるが、現在までのところそれらによる効果は限られている。都市の貧困を克服する道を探ることは、21世紀の都市学にとって最も重要な課題のひとつとなるであろう。

8.2.2　文字列の選択

たくさんの文字を Back space キーや Delete キーを用いて消していったのでは，日

が暮れてしまいます．そこで，文字列を編集する場合「選択」という操作が必要になります．選択された文字列は，背景が灰色になります（ソフトウェアによっては，背景が黒くなり文字列が白く（反転）表示されます）．

大学生だけでなく、会社員および高校生も入学できるようになっています．
↑ 単語にマウスポインタを合わせ左ボタンをダブルクリックする
大学生だけでなく、会社員および高校生も入学できるようになっています．
左ボタンを押しっぱなし↑ 　↑ ここまでマウスポインタを動かし左ボタンから手をはなす
大学生だけでなく、会社員および高校生も入学できるようになっています．
このマウスポインタのときに、左ボタンをクリックあるいは押しっぱなしにして選択する

Ctrlキーを押したまま
左ボタンをクリックして
全体を選択する

文字列を選択する方法にはいくつかあります．

1. 単語上にマウスポインタを持って行き，マウスの左ボタンをダブルクリックすると単語が選択されます．

2. 選択したい箇所の先頭にマウスポインタを持って行き，マウスの左ボタンを押しっぱなしにして選択箇所の最後にマウスポインタを移動します．そこでマウスの左ボタンから指を離します．

3. 文書の左にマウスポインタを持っていくと，マウスポインタの形が右上がりの矢印になります．この状態でクリックするとマウスポインタのある行が選択されます．複数行を選択する場合は，クリックせず左ボタンを押したままマウスを上下に動かします．

4. 文書全体を選択する場合には，マウスポインタの形が右上がりの矢印の状態で Ctrl キーを押しながらマウスの左ボタンをクリックします．あるいは，「ホーム」タブの「編集」グループにある「選択」ボタンをクリックしたあと，すべて選択を選択するか，Ctrl キーを押しながら A キーを押しても全体を選択することができます．

8.2.3　文字列の削除

「8.2.2 文字列の選択」で説明した操作を用いて選択した文字列を削除してみます．文章を推敲した結果,「3. 都市部における貧困問題」の第三段落が不要だと判断したと仮定します．

1. 「3. 都市部における貧困問題」の第三段落「都市部における・・・」の上の空白行にマウスポインタを持っていき，左ボタンをクリックし，そのままボタンを押し続けます．

2. マウスボタンを押しながら，同じ段落の最後までマウスを動かしていってマウスボタンから指を離します．

3. Delete キーを押して，選択されている文字列を削除します．

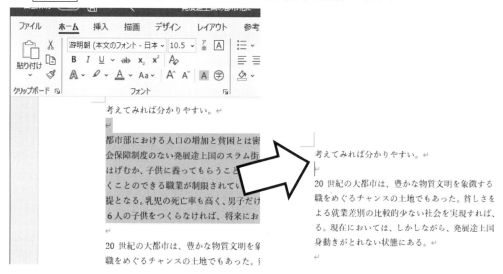

8.2.4　変更を元に戻す

前述のように，間違った入力や不要な文字は，削除したい領域を選択したあと，Delete キーを使って削除することができます．しかしながら，誤って大事な文章を削除してしまうことも起こり得ます．必要な箇所をうっかり削除あるいは変更してしまっても，次の操作に移る前ならば，その操作を元に戻すことができます．

それでは，先程削除した箇所を元に戻してみましょう．クイックアクセスツールバーの「元に戻す」ボタンをクリックします．

大半の操作は元に戻せますが，元に戻せない操作の場合には，「元に戻す」ボタンが薄い色になっているので分かります．

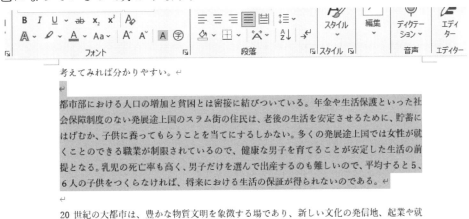

8.2.5　文字列のコピーと移動

文字列のコピーや移動により，選択した箇所を簡単に文章の別の箇所へ移すことができます．ここでは，文章の推敲を行った結果，さきほど削除して元に戻した段落を一段上に移動することにしました．

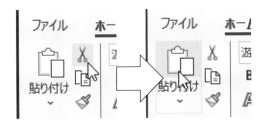

1. 「3. 都市部における貧困問題」の第三段落「都市部における・・・」の上の空白行にマウスポインタを持っていき，左ボタンをクリックし，そのままボタンを押し続けます．

2. マウスボタンを押しながら，同じ段落の最後までマウスを動かしていってマウスボタンから指を離します．

3. 「ホーム」タブにある「切り取り」ボタン（はさみの絵をしたボタン）をクリックします．

4. 「先進諸国では、都市に流入する人口を・・・」で始まる段落の上の空白行をクリックします．

5. 「ホーム」タブの「貼り付け」ボタンをクリックします．

府の「国家農村雇用保証決議 2005」によれば、18 歳以上の男性がいる農村世帯に対して、年間 100 日まで肉体労働による仕事を保障するとされている。しかし、農村部の人々には都市へ移住する理由があるわけであり、このような政策によって向都移動の現状が大きく変わるとは考えにくい。

都市部における人口の増加と貧困とは密接に結びついている。年金や生活保護といった社会保障制度のない発展途上国のスラム街の住民は、老後の生活を安定させるために、貯蓄にはげむか、子供に養ってもらうことを当てにするしかない。多くの発展途上国では女性が就

8.2.6　文字列の検索と置換

　文章が長くなると，編集したい箇所を探し出すのが大変になってきます．編集する段落のみに含まれる単語や文字列が判っていれば，「文字列の検索」機能を使用してその段落を画面上に表示することができます．

　あるいは，文章中に複数含まれている単語を別の単語に置き換えることもできます．手書き文書ですと，消しゴムで消して書き直すという作業を繰り返さねばなりませんが，ワープロですと瞬時に置き換わります．

　それでは，実際に文字列を「置換」してみましょう．

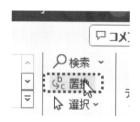

1. 文書の先頭をクリックし，カーソルをタイトル「発展途上国の都市化における人口問題」の先頭に持っていきます．
2. 「ホーム」タブの 置換 ボタンをクリックします．
3. 「検索と置換」ダイアログボックスの「検索する文字列（N）：」のテキストボックスに「発展途上国」という文字列を入力します．
4. 「置換後の文字列（I）：」のテキストボックスに「途上国」という文字列を入力します．
5. すべて置換 ボタンをクリックします．
6. 置換ができたら「検索と置換」ダイアログボックスを閉じます．
7. タイトルの「途上国」を「発展途上国」に戻します．
8. 「1. はじめに」の第 2 段落の最後のほうにある「いわゆる途上国の都市」を，「いわゆる発展途上国（以下、「途上国」と略す）の都市」に変更します．

すべて置換 ボタンの代わりに 次を検索 と 置換 ボタンを使って，確認しながら文字列を

置換していくこともできます.

8.2.7 箇条書きの挿入

「4. まとめ」に箇条書きを挿入して文章を完成させます.

工業とそれに続く第三次産業の育成
スラム街の住環境の改善
女性のエンパワーメント（女性の能力強化と意識改革を通じた社会的地位の向上）

1. 「4. まとめ」の第2段落の最後 「・・・多くの方策が唱えられてきた。」の後をクリックし改行してから，左の文章を一行ずつ改行しながら入力します（全体で3行です. 左の最後の行は折り返されています）.

2. 入力した3行を選択します.

3. 「ホーム」タブの段落セクション, 箇条書きボタンをクリックします.

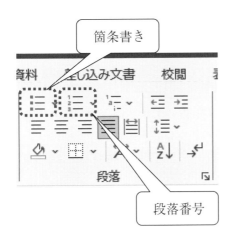

次の図のとおり，選択した3行が箇条書きになりました.

多くの途上国が、先進国なみの豊かな社会を実現するための方策をとるのかどうかについては、これから見ていく必要があろう。これまでも、以下のようなさまざまなレベルで多くの方策が唱えられてきた。↵
↵
● 工業とそれに続く第三次産業の育成↵
● スラム街の住環境の改善↵
● 女性のエンパワーメント（女性の能力強化と意識改革を通じた社会的地位の向上）↵
↵
これらの方策のなかには、現実に実施されたものもあるが、現在までのところそれらによる

8.2.8 文献番号の挿入

　レポートや論文を書く際には，必ずと言っていいほど参考文献を参照します．ただし，参照した文章や図表を，あたかも自分が作成したようにまとめて公表した場合，著作権の侵害として訴えられる可能性があります．

　そこで，参照した参考文献等は，文中の参照箇所に文献番号等を付けて紹介しておき，レポートや論文の最後にリストアップして詳細に記載します．参照箇所の示し方や，リストアップした文献の表記方法については，学問分野によっていろいろな作法があります．今回は理系の学問分野にみられるシンプルな番号による表記形式を参考に作成してみましょう．作成の流れは基本的につぎのようになります．

1. 文や文節を引用している箇所に，どの文献を参考にしたのかを示すインデックスを付けます．今回は，文献番号として半角文字の角カッコ（ブラケット）で，[1] のように囲んで記載する方式を用います．
2. 文書の末尾に文献目録のセクションを設け，この中に文献を使用した順番に並べた文献リストを記載します．

　今回は3つの文献を引用している4箇所に文献番号を挿入します．

1. 最初の段落の最後「… その7割近くが都市の住民となる。」の句点（。）の前をクリックします．
2. かな漢字変換をオフにして，半角英数文字で [1] と数字を角カッコで囲むように記載します．角カッコは，"「"および"」"のキーで入力ができます．
3. 「1. はじめに」の第3段落，「開発途上地域の町や都市の人口は、世界の都市居住者の 80 ％を占めるようになるだろう」カッコのすぐ後をクリックします．
4. 半角英数文字で [2] と入力します．
5. 同じ段落のすぐ後，「将来起こる都市人口増加の大部分を占めるのが貧困層」のすぐ後ろをクリックします．
6. 半角英数文字で，同じく [2]と入力します．
7. 最後に，「2. 人口爆発と向都移動の現状」の第3段落の最後，「・・・回答のうち上位のものを抜粋している。」の句点（。）の前をクリックします．
8. 半角英数文字で [3] と入力します．

8.2.9　文献目録の挿入

　参考文献をレポートの最後にリストアップして紹介します.「2. 図書館とその情報環境の利用」のセクションで確認したように,文献をリストアップする際に示さなければならない書誌情報の項目があります.実際の論文やレポートでは,どのような書式でどのような項目をリストアップしなければならないかについて,あらかじめ細かく指示される場合があります.今回は,文献[1]と[3]は書籍,文献[2]は Web ページとなります.「2. 図書館とその情報環境の利用」では,書籍の場合は“著者名,『タイトル』,出版者（出版社）,出版年”を記載するよう表に説明が載っています.Web ページの場合は,“「Web ページのタイトル」,Web サイト名,URL,（参照日付）”となっています.そこで,今回はそのとおり書誌情報を記載していくことにしましょう.

> 効果は限られている。都市の貧困を克服する道を探ることは、21 世紀の都市学にとって最も重要な課題のひとつとなるであろう。↵
>
> ↵
> 参考文献↵
> [1] United Nations,『World Urbanization Prospects The 2018 Revision』, New York: United Nations, 2019↵
> [2] 「世界人口白書 2007 拡大する都市の可能性を引き出す」, UNFPA Tokyo, https://tokyo.unfpa.org/sites/default/files/pub-pdf/2007 世界人口白書.pdf, （2012 年 9 月 23 日）↵
> [3] Begum Anwara,『Destination Dhaka Urban Migration: Expectations and Reality』, Dhaka: The University Press Limited, 1999↵

1.　最後の行の句点（。）の後ろをクリックしてから改行します.

2.　参考文献と入力し,改行します.

3.　次のように入力します.正確な文献の紹介はとても大切です.なお,アルファベット,数字,角カッコの部分は半角英数で入力するよう注意しましょう.カンマ（,）は全角で入力しています.スペースの都合で改行しているように見えますが,文献ごとに 1 行で記入してください.

---

[1] United Nations,『World Urbanization Prospects The 2018 Revision』,
New York: United Nations, 2019

[2] 「世界人口白書 2007 拡大する都市の可能性を引き出す」, UNFPA Tokyo,
https://tokyo.unfpa.org/sites/default/files/pub-pdf/2007 世界人口白書.pdf,
（2012 年 9 月 23 日）

[3] Begum Anwara,『Destination Dhaka Urban Migration: Expectations and
Reality』, Dhaka: The University Press Limited, 1999

論文やレポート等で求められる参考文献リストの作成は正確をきす必要があり大変ですが，ここでひとまずファイルを保存しておきましょう．

8.3　文書の保存

　とりあえず文書の入力と編集が終わりました．完成までもうしばらく時間がかかりますので，とりあえず文書を保存しておきましょう．完成までのステップごとに，文書の保存はこまめに行うようにしてください．

1. 「ファイル」タブをクリックしてください．

2. 「名前を付けて保存」をクリックし選択します．この PC もしくは参照ボタンをクリックすると「名前を付けて保存」ダイアログボックスが開きます．

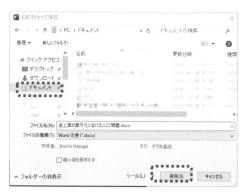

3. 「名前を付けて保存」ダイアログボックスでは，左側のリストから保存先を選択してください．本学のパソコン教室でデータを保存する場合は J ドライブ等を指定してください．

4. 必要があれば，「ファイル名」を変更してください．この例では「途上国の都市と貧困問題.docx」となっています．
5. 保存先やファイル名に間違いがないかどうか再度確認し，保存 (S) ボタンをクリックしてください．

8.4　文書の外観の修正

これまで作成した文章について，レイアウトやスタイルの変更，すなわち文書の外観を修正してみます．

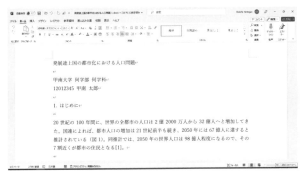

この節では，センタリングなど文の位置指定，文字サイズの変更，組み込みスタイルの適用，インデントの設定，余白の調整などについて説明していきます．インデントとは段落などの字下げのことです．

8.4.1　レイアウトの変更

ここでは，タイトルや所属，氏名などについて，下図のように左右の位置指定を行ってみます．

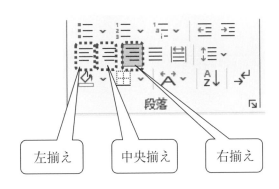

1. まず，タイトル「発展途上国の都市化における人口問題」の文字列をセンタリングしてみます．先頭行へカーソルを移動し，「ホーム」タブの中央揃えボタンをクリックしてください．

2. 次に，所属と氏名の行を右寄せにします．2 行目にカーソルを移動したあと，3 行目ま

179

でを選択し，「ホーム」タブの 右揃え ボタンをクリックしてください．これでタイトルが中央寄せ，所属と氏名が右寄せになりました．

8.4.2　文字サイズの変更

　次に，文字列のフォントサイズを変更してみましょう．所属と氏名が選択されている状態で，引き続き作業を行います．

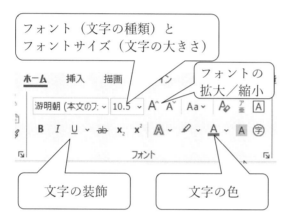

1.　「ホーム」タブの「フォントサイズ」コンボボックスをクリックしてください．
2.　そのままの状態で，フォントサイズを「12」に変更します．

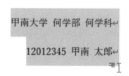

所属や氏名の文字列が 12 ポイントの大きさになりました．ただし，文書をみると不自然に広く行間が開いている状態になりました．この行間は，文字のフォントサイズが大きくなったことによる自動調整で生じています（自動調整はフォントに異存しているため，フォントの種類で動きが異なります）．ここでは見た目がおかしくなった部分の自動調整をオフにすることによって，行間をコントロールします．

3. 行間がおかしい場所を選択したまま,「ホーム」タブの「段落」右下の ■ ボタン(ダイアログボックス起動ツール)クリックしてください.

4. 表示された「段落」メニューの「インデントと行間幅」の下にある,「1 ページの行数を指定時に文字をグリッド線に合わせる」のチェックボックスを外します.

8.4.3 スタイルの適用

次に,タイトル,各節,および参考文献の見出しにスタイルを設定します.

1. タイトル「発展途上国の都市化における人口問題」のどこかにカーソルを移動します.

2. 「ホーム」タブのクイックスタイルギャラリーから「表題」ボタンをクリックします.

3. 「1. はじめに」へカーソルを移動し,「ホーム」タブのクイックスタイルギャラリーから,「見出し 1」ボタンをクリックします.

続いて,「2. 人口爆発と向都移動の現状」,「3. 都市部における貧困問題」,「4. まとめ」,および「参考文献」についても「見出し 1」スタイルを適用してください.

発展途上国の都市化における人口問題

甲南大学　何学部　何学科
12012345　甲南　太郎

▪1. はじめに

20 世紀の 100 年間に、世界の全都市の人口は 2 億 2000 万人から 32 億人へと増加してきた。国連によれば、都市人口の増加は 21 世紀前半も続き、2050 年には 67 億人に達すると

8.4.4　段落の字下げとぶら下げ

段落の最初が判別しやすいよう，通常，一行目は「インデント」といって右の方に字下げします．このインデントの量も設定により自由に変更することができます．

それでは，段落の先頭を 1 文字分字下げしてみます．以下の作業を行う前に，<u>段落間の空白行をすべて削除</u>しておいてください．

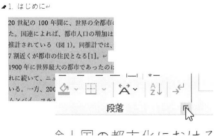

1. 「1. はじめに」の 1 番目の段落の先頭へカーソルを移動してから，第 3 段落の最後までを選択します．
2. 「ホーム」タブの「段落」グループの右下にある ⌐ ボタン（ダイアログボックス起動ツール）をクリックします．
3. 「段落」ダイアログボックスが開きますので，「最初の行（S）:」コンボボックスをクリックして，「字下げ」を選択してください．
4. 字下げの幅が 1 文字になっていることを確認してから下部の OK ボタンをクリックしてください．段落の最初が 1 文字分字下げされます．

同様に，他の段落も字下げしてみてください．段落間の間隔がつまっているように感じる方は，インデントの調整の際に「段落後（F）：」コンボボックスをクリックして，「0.5 行」を選択してみてください．

▪ 1. はじめに↵

20 世紀の 100 年間に、世界の全都市の人口は 2 億 2000 万人から 32 億人へと増加してきた。国連によれば、都市人口の増加は 21 世紀前半も続き、2050 年には 67 億人に達すると推計されている（図 1）。同推計では、2050 年の世界人口は 98 億人程度になるので、その 7 割近くが都市の住民となる[1]。↵

1900 年に世界最大の都市であったのは英国のロンドンで、人口は約 650 万人であった。これに続いて、ニューヨーク、パリ、ベルリンなど、ヨーロッパと米国の都市が上位をしめている。一方、2000 年の時点で人口が最大の都市は東京である。また、メキシコシティー、ムンバイ、コルカタなど、いわゆる発展途上国（以下、「途上国」と略す）の都市が上位に

　参考文献リストについては，段落の操作で「ぶら下げ」を行って，番号部分が前に飛び出すよう調整します．

▪ 参考文献↵

[1] United Nations, 『Worl
Nations，2019』↵
[2] 「世界人口白書 20(
https://tokyo.unfpa.org/sit

1. 参考文献のリストの部分を選択します．

| インデントと行間隔 | 改ページと改行 | 体裁 |

全般

配置(G): 両端揃え

アウトライン レベル(O): 本文 ☐ 既定で折りたたみ(E)

インデント

左(L): 0 字 ／ 最初の行(S): 幅(Y):

右(R): 0 字 ／ ぶら下げ 1.5 字

☐ 見開きページのインデント幅を設定する(M)

☑ 1 行の文字数を指定時に右のインデント幅を自動調整する(D)

2. 選択したまま，段落のダイアログボックスを開き，インデントと行間隔内の，最初の行を「ぶら下げ」に変更します．
3. ぶら下げの幅を 1.5 字に変更して OK をクリックします．

8.5　図表の組み入れ

　文章だけのレポートや論文も存在しますが，図や表を用いると，説明している内容をより詳しく視覚的に読者に伝えることができます．よって，一般的には，図を描いてみたり，グラフを入れてみたりするほうが理解しやすい文書を作成することができます．

8.5.1　表の挿入

それでは，「2. 人口爆発と向都移動の現状」の第三段落の後に表を追加してみましょう．

1. カーソルを第三段落の一番下の行「… 回答のうち上位のものを抜粋している [3]。」の後に移動し $\boxed{\text{Enter}}$ キーを押します．

2. 「挿入」タブの「表」ボタンをクリックし，6行2列のセルを指定します．次ページのようにデータを入力していってください．

移住の理由	割合（%）
家族を養えなくなった	30.5
水害	16.2
失業	12.4
より良い職や収入を求めて	10.5
家族の不和	6.7

3. 列幅を変更してみましょう．列の境界線にマウスポインタを合わせ，ドラッグして幅を調整します．それぞれの列を見やすい列幅に調整してください．

に人居することになる．

表 1 は，ダッカ市のあるスラム居住者たちについて，農村から移住してきた理由を尋ねたもので，回答のうち上位のものを抜粋している[3]．

移住の理由	割合（%）
家族を養えなくなった	30.5
水害	16.2
失業	12.4
より良い職や収入を求めて	10.5
家族の不和	6.7

「家族を養えなくなった」が 3 割を超えて最も多い理由である．バングラデシュはイスラム社会なので，農地は均等に分けられ相続される．民主的ではあるが，かつての日本のよ

4. 次に表全体を移動します．表の左上に表示される四角で囲まれた十字のハンドルをドラッグして，ページの中央まで表を移動してください．

最後に，いくつかのセルを選択してから，「表ツール」の「レイアウト」タブにある「配置」グループのボタンをクリックし，セルの文字列を見やすく配置します．

8.5.2　グラフの挿入

ここでは，グラフの作成とグラフの設定変更などについて説明します．「1. はじめに」の第1段落の後に縦棒グラフを追加してみましょう．

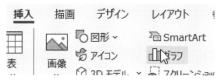

1. カーソルを第1段落の一番下の行「・・・その7割近くが都市の住民となる[1]。」の後に移動し Enter キーを押します.

2. 「挿入」タブの「グラフ」ボタンをクリックします.

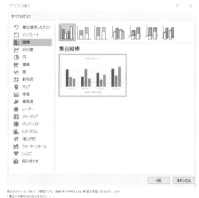

3. 「グラフの挿入」ダイアログボックスが開き，グラフの種類を選択する画面が表示されます.

4. 「集合縦棒」ボタンをクリックしてから, OK ボタンをクリックします.

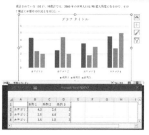

5. 別ウィンドウに Excel が起動しますので，以下のようにデータを書き換えていってください(ここでは，はじめに「都市」「農村」「総人口」の区分けでグラフが描かれます). 5行目のデータを削除したあと範囲（青線もしくはカギの印）の右下隅を F4 に合わせます.

年	1950	1990	2018	2030	2050
都市	7.51	22.9	42.2	51.67	66.8
農村	17.85	30.41	34.13	33.84	30.92
総人口	25.36	53.31	76.33	85.51	97.72

6. Excel を開いたまま，Word の「グラフのデザイン」タブに移動します.

7. 「データ」グループにある「行／列の切り替え」ボタンをクリックします. このボタンは Excel の画面が出ていないと押すことができません. Excel の画面が消えてしまっている場合は，グラフを右クリックして

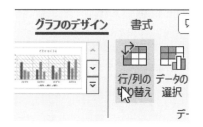

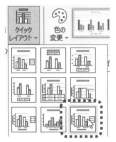

メニューから「データの編集」を選択すると，再び Excel の表を表示することができます．

「グラフのデザイン」タブの中のクイックレイアウトからレイアウト 9 を選びます．

あとは，現れた「グラフタイトル」の文字列全体を選択し，Delete キーを押して削除します．次に，縦軸の「軸ラベル」を書き換えて「人口（億人）」に変更します．同様に，横軸の「軸ラベル」を書き換えて「西暦（年)」に変更しておきます．Excel 画面を終了し Word に戻るには，右上の×ボタンをクリックします．

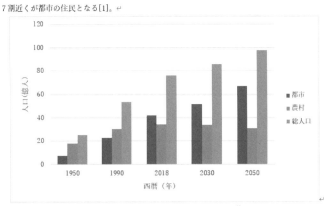

7 割近くが都市の住民となる[1]。

1900 年に世界最大の都市であったのは英国のロンドンで、人口は約 650 万人であった。
これに続いて、ニューヨーク、パリ、ベルリンなど、ヨーロッパと米国の都市が上位をしめ

8.5.3　SmartArt の挿入

　最後に，本文の説明を補足するための図を描いてみましょう．Office には，分かりやすい説明図を描くための SmartArt があらかじめ用意されています．

1.　カーソルを「3. 都市部における貧困問題」の第 1 段落の一番下の行「・・・向都移動の現状が大きく変わるとは考えにくい。」の後に移動し，Enter キーを押します．

2.　「挿入」タブの「SmartArt」ボタンをクリックします．

3.　「集合関係」グループの「対立とバランスの矢印」を選択し OK ボタンをクリックします．

4.　次に，「SmartArt ツール」の「デザイン」タブにある「色の変更」ボタンをクリックして見栄えのする色を付けます．

5. 「SmartArt のスタイル」から適切なものを選択します.

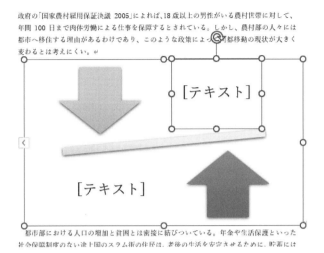

8.5.4 SmartArt へのテキストの入力

　ここでは，SmartArt のテキストウィンドウへの文字列の入力について説明します.
テキストウィンドウが表示されていなくとも，SmartArt の図中にある「[テキスト]」
に直接文字列を入力できますが，フォントサイズなどをうっかり変更してしまう恐れ
があります.

　まず，SmartArt の枠の左端に出ている < ボタンをクリックして,「ここに文字を入
力してください」テキストウィンドウを表示してください.

1. テキストウィンドウの一番上の行に「貧困要因」と入力します.
2. 改行せずに,「SmartArt のデザイン」タブにある 行頭文字の追加 ボタンをクリッ
   クします.
3. 以下の箇条書きを入力します.
   - 農村部からの向都人口移動
   - 子だくさんの家庭
   - 社会保証制度の欠如
   - 第二次、第三次産業の低迷
4. テキストウィンドウの次の行に「貧困を改善するための方策」と入力します.
5. 改行せずに,「SmartArt ツール」の「デザイン」タブにある 行頭文字の追加 ボタ
   ンをクリックします.
6. 以下の箇条書きを入力します.
   - 工業とそれに続く第三次産業の育成

- スラム街の住環境の改善
- 女性のエンパワーメント
- 起業支援など

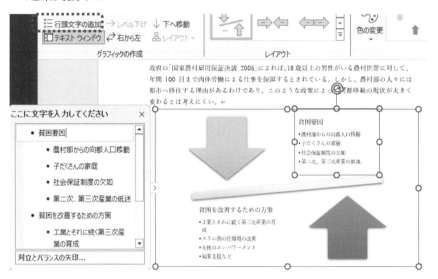

8.5.5　図表へのキャプションの付加

　ここでは，これまでに作成した表や図へ自動的に連番を付加し，同時に図表のキャプションを挿入していきます．まずは，「1. はじめに」のグラフへ図表番号をつけてみます．

1. グラフの描画キャンバスの枠を右クリックし，出てきたプルダウンメニューより「図表番号の挿入」を選択してください．
2. 「図表番号」ダイアログボックスが開きますので，「図表番号（C）:」の「図1」の後に空白を挿入します（「ラベル（L）:」が"Figure"などになっている場合は，まず「図」に変更しておいてください）．
3. 続いて，「世界の人口変動[1]」と入力します．
4. 「位置（P）:」の設定が「選択した項目の下」になっていることを確認したあと OK ボタンをクリックすると，図ラベルが作成されます．
5. 「ホーム」タブの「中央揃え」ボタンをクリックして，ラベル（キャプション）を中央に揃えます．

　続いて，表や SmartArt にも図表番号をつけてみましょう．グラフと同様の方法で設定ができます．表では，左上に表示される四角で囲まれた十字のハンドルを右クリックしてから同様の操作を行い，「向都移動の理由」と入力します．表のキャプション

は表の上に書きます．表の「ラベル（L）：」が"図"などになっている場合は，まずは「表」に変更します．表の場合「位置（P）：」の設定は，自動で「選択した項目の上」に変更になりますが，確認をしておきましょう．最後のSmartArtには 「都市部の貧困要因と改善のための方策」と入力してください「ラベル（L）：」が"図"，位置が「選択した項目の下」となるようします．

8.6　ページ番号の挿入

論文やレポートにはページ番号は欠かせません．今回の文書は数ページしかないかもしれませんが，ページ番号を入れていきましょう．

1. 「挿入」タブをクリックします．

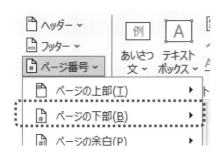

　ヘッダーとフッターセクションに，ページ番号ボタンがあります．

2. クリックすると，挿入場所の選択に移ります．

3. 今回は，「ページの下部」を選択します．

4. サンプルイメージが表示されます．今回は，下部の中央に表示する，「番号のみ2」の項目を選択します．

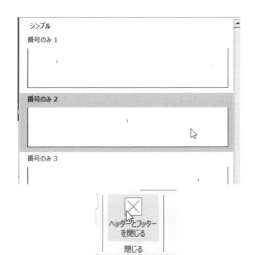

　ほかにも様々な形態が選択できます．確認しておくようにしましょう．ページ番号の設定が終わったら，「ヘッダーとフッターを閉じる」ボタンをクリックして通常の状態に戻します．

すべて仕上がったら，名前を付けて保存をしておきましょう．これで文章は完成です．

8.7　余白の調整

　それでは，印刷する前に，余白や行間を変更してレポートが 4 ページ以内に納まるようにしてみましょう．論文やレポートの作成においては，様々な理由でページ数が制限される場合が多いので，その練習だと思って試してみてください．

1.　「レイアウト」タブの 余白 ボタンをクリックし，「ユーザ設定の余白」を選択してください．
2.　「ページ設定」ダイアログボックスで，すべての余白を「25mm」に減らします．
3.　 OK ボタンをクリックすると，余白の量が指定した値に変更されます．

8.8　文書の印刷

　ここでは，作成した文書を印刷してみます．みなさんの環境では，プリンタ名などが異なっている可能性がありますので，自宅や本学パソコン教室のプリンタ名に合わせて適宜読み替えてください．
1.　まず，「ファイル」タブをクリックします．
2.　次に，左側のメニューから「印刷」を選択します．

実際に印刷する前に，右側に表示される印刷プレビュー画面を確認します．印刷プレビューとは，印刷前に印刷結果を画面上で確認するための機能です．無駄な印刷を減らすために，まずは印刷プレビューでページ数を含む印刷出力の確認を行ってください．

　Windows の標準の操作では，次の操作で印刷指示を出すことができます．

1.　「プリンター」コンボボックスのリストより，出力するプリンタを選択します．

2.　必要に応じて「設定」より両面印刷や印刷部数などを再設定します．

3.　「印刷」ボタンをクリックすると，印刷が始まります．

　出力先を学内のプリンタに設定して印刷をした場合は，「1.8 学内でのプリンタの利用」参照して作業をしてください．

文章構成・作成・推敲編

8.9　　　文章作成にあたって

　世の中には，エッセイ，小論文，報告書など様々な型の文章があります．書こうとしている（あるいは，書かねばならない）文章には，**対象となる読む人（読者）**が必ずいます．すなわち，作成中の文章には必ずその（利用）**目的**が存在します．

　小学校の作文では，そういった目的が示されずに，ただ単に「作文しなさい」という課題が出されたので，どのように書いて良いのか戸惑った記憶があるのではないでしょうか．読者や目的の例を挙げれば，卒業論文（卒論）は，その研究分野の専門家（すなわち，ゼミの先生）が読むわけであり，彼らが内容を理解できる文章であればそれで十分です．一方，新聞記事などは，題材（テーマ）について何も知らない読者を想定し，初心者でも十分に分かる平易な文章としてまとめていく必要があります．

　すなわち，「良い文章」を書くということは，これらの**読み手（読者）を意識し，読者にとってわかりやすい文章を書く**ということに尽きます．したがって，文章はただダラダラと書き綴ればよいものではありません．読み手の興味を誘い，読んだあと「なるほど」と納得させるような書き方をしないと，「この文章は面白くないな」といった感想を持たれたり，途中で読み捨てられたりします．

　そこで，ここでは文章を組み立てていく手順（作戦）を考えてみます．作戦は1つではありませんので，以下はあくまで参考としてながめてください．

1. 文章のテーマ（題材）を決める

   　これから何を書こうとしているのか，文章のタイトルの元ネタにすべく題材を考えます．たとえば，「大震災の環境への影響は・・・である」や「晴れの場でのマナーは・・・であるべき」など一文で表します．プレゼンテーションの「7.11.3 テーマ（一行テーマ）の確定」と同様，読者を納得させる一文を考えてみてください．

2. 主題を考えて，数行にまとめる

   　いきなり文章を書き出すのではなく，読者を納得あるいは説得するにはどのような内容にすべきか主題を数行にまとめます．題材からすぐに主題を思いつかない場合は，次の「材料集め」をしつつ考えてみても良いでしょう．

3. 文章のネタ（材料）を集める

   　2.より先行してもかまいませんが，題材に関する情報収集を行います．すなわち，文章を書くのに必要なネタ（材料）を集めていく作業です．

   　各材料はその内容を一行にまとめ，それぞれを目次の一項目（一文）のようにし

ておくと，主題を考えるのに便利です．材料を探す先の優先順位は，以下のとおり
です．

1. 自分の頭の中にある情報
2. 身の回りにある書籍や新聞など（「2. 図書館とその情報環境の利用」で説明
   している図書館情報検索を活用してください）
3. インターネット検索

まずは，他（人）の情報に引きずられてしまう前に，自分の頭の中にある情報を
材料として書き出し整理しておくことをお勧めします．何も思い浮かばないかも
しれません．とにかく，書き出す努力をしてみることが重要です．

次に，身の回りにある書籍や新聞などから材料集めを行います．ご存じのよう
に，インターネット検索で得られる情報には，正確なものや不正確なもの，間違っ
ているものなど玉石混淆です．その点，書籍や新聞に書かれている情報は，著者
の考えや主張によって色付けされているかもしれませんが，一応信頼できるもの
です．「2. 図書館とその情報環境の利用」では，本学の図書館サイトで様々な情報
検索ができることについて解説しています．ぜひ，図書館情報検索を活用してく
ださい．

最後に，（やむなく）インターネット検索やすでにわかっているサイトの URL
から，関連サイト上の材料集めを行います．インターネット上の情報は，ワープロ
へ簡単にコピーして貼り付け（コピペ）できますが，文章としてそのまま張り付け
てはいけません（引用以外の行為は，著作権法に抵触する可能性があります）．必
ず一つ一つを材料として書き留めていきます．

書籍や新聞，あるいはインターネットから得た材料については，ネタの仕入れ
元に関する情報を引用（参考）文献情報としてメモしておきます．インターネット
の場合は，得た情報がいつなくなるかわかりませんので，Web ページのハードコ
ピーやダウンロードしたファイルを手元に保存しておくことをお勧めします．

4. アウトラインに書き出していく

文章の題材，主題，材料の三つが揃ったところで，アウトラインを構成していき
ます．文章を建築物に例えるなら，アウトラインはその構造体（骨組み）にあたり
ます．アウトラインに沿って文章化していけば，一歩一歩文章の完成に近づいて
いくわけです．

建物にも，マイホーム，マンション，図書館，寺院など様々なものがあるように，
文章にも種類と型があります．アウトラインを構成するにあたって，文章の型を
意識しないほうが良いと言う人もいますし，型から外れたらダメというものでも

ありません. あくまで, 一つの参考にすべきものであり, 題材や主題に応じて自分なりに設計図や構造体を変えていってもかまわないものだと考えてください.

　文章の型としてすぐ思い出すのが起承転結ですが, これはもともと漢詩（漢文の詩）からきています. 五言絶句や七言絶句など四行からなる詩の各行が起・承・転・結（中国語では起承転合）に対応しています. したがって, エッセイやその他の文章を起承転結で書かねばならない必然性はありません.

　様々な科学分野における研究は, おおざっぱに分けて文献研究と実証研究に分かれます. いずれも, 序論（はじめに）・本論・結論（まとめ）のスタイルでレポートや論文としてまとめることが多いのですが, 特に社会調査や科学実験などの実証研究では, この章の最初で作文したような「レポートを述べる型」[2]に沿って文章化しているものを多く見かけます.

I.　事実を挙げて問題を提示する（序論）

- 事実や経験したことを述べます.
- 問題点を指摘します.

II.　調査や観察を報告する

- 調査や観察の目的, 対象, 方法などを述べます.
- 調査や観察によって分かったことを述べます.

III. 考察する

- 問題に対する考察, 結論, 対策, 意見などを述べます.

IV. 結び（結論）

- まとめや反省, 今後の課題などを述べます.

V.　参考文献, 資料など.

　各パートのどこでも良いので, 書き始めたり材料を当てはめたりしながら, 読者に主題をしっかりと伝えることを主目的にレポートや論文をまとめていってください.

8.10　うまい文章のためのスキル

　アウトラインを構築している段階のバラバラな文章をくっつけて段落にしただけでは読みやすい文章にはなりません. ここでは, 文章をうまく見せるための基本的なスキルについていくつか説明します.

1.　同じ語句を繰り返さない

　たとえば, あるプリンタのマニュアルには,「用紙を印刷トレイに入れ, パソコンの印刷ボタンをクリックします. 印刷が終了すると印刷枚数に応じて次々と印

刷された用紙がスタッカーへ送り出されます.」などと書かれています.文中にあまりにも「印刷」という単語が多すぎてうっとうしく稚拙に感じます.プリンタやパソコンの各部の名前についている「印刷」はとることができませんが,たとえば,「印刷」という単語を取りやめたり,「印字」や「プリント(する)」などに変えたりすれば,もっとすっきりした文章になります.

　この場合,名詞や動詞の同義語を思い出せるかどうかが鍵であり,書く人の語彙(ボキャブラリ)の多い少ないが影響してきます.語彙を増やすには,新聞や雑誌あるいは小説などを読む習慣をつけるなど,普段からの不断の努力が必要です.

2. 具体的な数字を入れる

　たとえば,「バングラデシュは人口密度の大変高い国です.」と書くよりは,「バングラデシュでは,日本の 1.3 倍程度の人口の国民が日本の 1/3 程度の面積の国土に住んでいます.」と説明したほうが,具体的になりより明確な理解につながります.結果,これに続くであろう読み手に対する主張が受け入れられる可能性が高くなります.

3. 文章様式を統一する

　以前より,学生のみなさんが提出したレポートを数えきれないくらい評価してきていますが,大半の箇所をインターネットからコピー(コピペ)しておいて,最後の数行のみ自分の言葉でしめくくるタイプのものを良く見かけます.通常はこのレポートを公開しないので,引用元が明示してあれば著作権の侵害にはあたりません.しかしながら,転載したまま自分で何も編集せずに(すなわち,内容をろくに理解せず自分の言葉で説明し直さないまま)提出するなど,不届き千万なレポートが多いのには閉口します.さらに言えば,コピーしてある箇所が「である調」(常体),自分で書いた箇所が「ですます調」(敬体)になっている場合が多く,ついつい笑ってしまいます.

　基本的には,文章中に「である調」と「ですます調」を混ぜてはいけません.どちらかに文章様式を統一します.一般的に,論文は「である調」で記述します.なお,最近は Web ページ上の文章に「・・・だ。」調の文章を良く見かけます.「だ調」の文章は決めつけの印象が強いので,論文では通常用いません.

4. 接続詞・形容詞を工夫する

　文と文,段落と段落は,本来,接続詞がなくとも連ねて書いていけば読める文章になります.文章作成に慣れていない人ほど,それぞれの関連を意識しすぎ,「そして」などの接続詞を使って文をつないでいってしまう傾向にあります.接続詞は,どうしても使わねばならないところにだけ使いましょう.

形容詞については，「明るい」，「赤い」，「大きな」など主観が入る品詞があるので，読者ごとに受けるイメージやその程度が相当変わってくる場合があります．したがって，形容詞についても，読者に誤解が生じない範囲で正確に記述しましょう．

5.　論理的な文章とは

　大学での授業やゼミ，あるいは社会に出てから書く文章は，エッセイのような情緒的なものではなく，レポート，（小）論文，報告書など論理的な展開が必要な文章です．論理的な展開とは，単語と単語，文と文，段落と段落が論理的につながり，少なくとも記述内容についての読者の考察が可能な文章展開（文脈）のことです．

　ここで，論理的なつながりのない文例を一つ挙げてみましょう．

今日は２月２２日，サラダがうまい．

今日の日付と後半とのつながりが何なのか，全く理解できません．この文の中間に以下のような語句を付け加えれば，

今日は２月２２日，立春が過ぎそろそろ春野菜が出回りだしたので，サラダがうまい季節になりました．

文節と文節が論理的につながり，理解できる文になります．

6.　演繹的手法と帰納的手法

　みなさんがこれから意識して書いていかねばならない文章は，「8.2.1 文章の入力」より書き始めたような論理的展開を含んだ文章です．このような文章では，問題提起を何度か繰りかえさねばならないことがあります．

　提起された問題に対する解決策を述べるにあたって，論理的な考察の過程を説明する必要にせまられます．論理的考察の手法は大きく二つに分類され，一つが

演繹的手法の例

- 大前提：全ての人間は死すべきものである。
- 小前提：ソクラテスは人間である。
- 結論：ゆえにソクラテスは死すべきものである。

大きな話　→　小さな話
一般的な話　　個別の話

誤りは生じにくい
結論は当たり前で面白くない

帰納的手法の例

- 2011年：冬の季節が到来しました。
- 2012年：やはり、冬の季節が到来しました。
- 結論：よって、将来も毎年冬の季節はやってくるものと考えられます。

小さな話　→　大きな話
個別の話　　一般的な話

新しい発見をもたらす
しかし間違った結論を導くことも

演繹（deduction）的手法，それと対をなすのが帰納（induction）的手法です．

　このような抽象的な説明だけでは良く分からないと思いますので，演繹的手法（三段論法）の例と，帰納的手法の具体例を前ページの図に示します．

7.　書き出しのテクニック

　新聞記事やエッセイなどの冒頭部分，すなわち書き出しは，あとの部分と密接に関係を持っています．書き出しによって，文章の調子が決まりますし，文章の方向づけも行われます．

　まずは，書き出しにどのような役割を持たせるかを考えます．書き出しに求められる役割には，大きく分けて，

- 　内容を，早く，良く理解させる
- 　興味を感じさせる

という二つがあります．「興味を感じさせる」ためには，ちょっとしたエピソードから始めます．日本経済新聞の「NIKKEI プラス1」には「その違いわかりますか」というコーナーが以前ありました．2013 年 2 月 23 日（土曜日）[3]の題材は「粥と雑炊」．副題として「水煮の生米か，だしで煮た飯か」と要旨がうたってあります．その書き出しは，

> まだまだ寒さの残るこの季節に体を温めてくれる粥（かゆ）と雑炊。消化がいいので、胃腸が弱っているときや風邪をひいたときでも食べられる。どちらも水分の多いどろりとした米料理だが、どう違うのか。（以下本文）

と，主題に関係のある経験から始まり問題を提起する形でまとめられています．

8.11　文章構成や内容の見直し

　作成した文章は，書きっぱなしのままでは誤字・脱字，意味不明な言い回し，論理的に矛盾した文脈などいろいろな問題を含んでいる可能性があります．これらを修正し，読み手にとって本当に分かりやすい文章（展開）になっているのかどうかチェックする必要があります．この段階を推敲と言います．

　パソコンやワープロのない時代の推敲は大変な作業でした．原稿用紙に書かれた文章に赤ペンで修正を入れ，さらにそれを別の原稿用紙に清書する作業の繰り返しで，指先や手，さらには頭や体の疲れる作業でした．

　それに対して，パソコンやワープロさえあれば，文章中のある部分の順序を入れ替えたり，複数回出てくる語句を一気に置き換えたり，さらにはプリンタに原稿を清書出力し机の上などに並べて文章全体の流れを把握したりすることも容易にできます．これらの機能を活用しない手はありません．

文章をチェックする際の基本は，**読み手の立場に立って読み返す**ということです．以下のようなこと[2]に注意しながらチェックを行ってください．

A) アウトラインを作成する際に練った文章の構成に問題がないか．
B) 表現に関して
　　1. 表現として抜け落ちている要素はないか．
　　2. 見出し，小見出しを活用したらどうか．
　　3. 段落を適当に分けて書いているか．一つの段落は，一つの意味のまとまりとなっているか．
　　4. 接続詞など，つなぎの語句に注意する．
C) 文に関して
　　1. 文の構造，修飾関係に問題はないか．
　　2. 一つの文に多くの事柄を詰め込みすぎていないか．
D) 用語，語句に関して
　　1. 必要以上に抽象的な言葉を使っていないか．
　　2. 意味がはっきりしない言葉，人によって異なる意味に解釈される言い回しを，ひとりよがりで使っていないか．
E) 文体に関して
　　1. 「ですます調」と「である調」を混ぜていないか．
　　2. くだけた文体と硬い文体が混じっていないか．
F) 表記に関して
　　1. 送り仮名・仮名遣いは正しいか．
　　2. 誤字・当て字はないか．
　　3. 文字づかいの統一はとれているか．
G) 引用に関して
　　1. 他人の文章や説に対する心づかいは十分か．
　　2. 孫引きせず，原著から引用しているか．

　その他，レポートや論文においては体言止め（文の最後が名詞で終わっているもの）は御法度です．前節で説明した「だ調」の文章も書かないよう注意してください．

8.12　参考文献・ホームページ

1. 佐藤彰男，「途上国の都市と貧困問題」，『21 世紀の都市像 地域を活かすまちづくり』，近畿都市学会編，古今書院，2008

2. 佐竹秀雄，「パソコンで展開する文章のテクノロジー」，『知っ得 電子メディア時代の文章法』，國文學編集部，學燈社，2008

3. 松田亜希子，「その違いわかりますか『粥と雑炊』」，「NIKKEI プラス 1」，日本経済新聞，2013 年 2 月 23 日朝刊，p.3

あとがき

　昨今，「デジタルネイティブ」の学生のみなさんが入学する中，「IT 基礎」のカリキュラムはどうあるべきかについて，数年の議論を重ねてきました．このテキストは，その答えを目標として作成されたものです．しかしながら，いざ執筆が進んでみると，当初の計画は絵に描いた餅と化す部分も多くなり，ずいぶんと荒削りな仕上がりとなってしまいました．他方，近年の我々の研究プロジェクトの結果によりますと，全てが説明された至れり尽くせりの教材でないほうが，つまりは多少のツッコミを入れながら読み進めていく教材のほうが，学習効果が高い可能性があるようです．

　教材作成にあたっては，図書館文献検索のセクションでは，甲南大学図書館のスタッフの方々のご協力をいただき，図書館情報サービスに関する情報提供と，カリキュラムおよび演習内容へのご助言をいただきました．さらには，甲南大学情報システム室スタッフのバックアップを受け，ガイドブックの完成にこぎつけることができました．紙面をお借りして，関係の皆様に改めて感謝の意を表します．

　学生のみなさんの真剣なツッコミを誘発して学習効果を高め，さらには，このガイドブックの内容が今後より進歩し改善されるよう，ガイドブックに関するご意見，ご質問やご不満などは，以下の電子メールアドレスへ遠慮なくどんどんお寄せください．

　　　　　　　　　　　令和 6 年 1 月 11 日
　　　　　　　　　　　全学共通教育センター
　　　　　　　　　　　篠田　有史
　　　　　　　　　　　E-mail: shinoda@konan-u.ac.jp
　　　　　　　　　　　鳩貝　耕一
　　　　　　　　　　　E-mail: hatogai@konan-u.ac.jp

KUKINDSガイドブック 2024

1997 年 4 月 10 日	第 1 版	第 1 刷	発行
2012 年 3 月 30 日	第 1 版	第 17 刷	発行
2013 年 3 月 30 日	第 2 版	第 1 刷	発行
2021 年 3 月 30 日	第 2 版	第 9 刷	発行
2022 年 3 月 30 日	第 3 版	第 1 刷	発行
2024 年 3 月 30 日	第 3 版	第 3 刷	発行

著　　者　甲南大学全学共通教育センター
　　　　　篠田有史　鳩貝耕一

発行者　発田和子

発行所　株式会社　学術図書出版社

〒113−0033　東京都文京区本郷 5 丁目 4−6
TEL 03−3811−0889　振替 00110−4−28454
印刷　三松堂（株）

定価は表紙に表示してあります.

ISBN978-4-7806-1230-1　C3000